まるわかり スマートマンション

スマートマンションが基礎からわかる！

共著

マンション管理士　**日下部 理絵**
太陽光発電アドバイザー　**古澤 和也**

はじめに

　家電製品のスイッチをONにすると、プラグをコンセントに差し込むと、当たり前のように使える電気──。電気は私たちの快適な暮らしを支えています。
　それだけに、東日本大震災に伴う原子力発電所の事故の際には、「計画停電」によって、電気を使いたくても使えない状況に不安を覚えた方も多かったのではないでしょうか。
　また、この原子力発電所の事故による影響もあり、電気料金は年々上昇しています。ある予測によると、2030年には電気料金が最大で現在の2倍になるとのデータも存在しています。
　今本書を手に取られているマンション住民や管理組合の理事、管理会社の従業員などの皆様にとって、立場は違えど、電気料金の上昇による管理費等への影響をできることなら避けたいというのは、共通の想いでしょう。
　電気料金は、自分自身で抑制し、自身を守るものに変わりはじめています。そうしたなか、この電気料金を抑制するツールとして、今、最も注目されているのが「スマートマンション」です。
　スマートマンションの「スマート」には「賢い」という意味があります。そのため、スマートマンションは、賢く電気料金を抑制するという意味にも理解できます。
　今や国民の3人に1人が持つスマートフォンを見れば明らかなように、現代社会において情報通信技術（ICT）は目覚ましい発展を遂げています。その技術を駆使し、賢く家電製品を制御することで電気料金を抑制することが可能なのです。

スマートマンションは、単に電気料金を抑制するためだけのツールではありません。情報通信技術を駆使することで、マンション住民の生活サービスの向上や、新たな価値の創出にもつながるのです。

　スマートマンションにすることで、電気料金が管理費等を圧迫せず、さらに他には見られない生活支援サービスが提供でき、資産価値を向上させることも可能でしょう。

　しかし、スマートマンションに関する解説は、専門的な用語や内容が多く、どうすればいいのかわからないという方も多いのではないでしょうか。つまり、わかりやすく初歩的に説明したものがないのが実状です。

　そこで本書は、スマートマンションの初心者でもわかるように、基礎からわかりやすい言葉で、「明るい将来のマンションライフを可能にする」「基礎知識と導入までのプロセス」「同じようなコンセプトで取り組まれているマンション」「拡がりつつある地方公共団体等での取組」の4つのブロック構成で解説しています。

　電気料金の削減以外にも資産価値の向上や改修、建替えなど、取り組むきっかけは多々あることでしょう。その際に、賢い選択肢の一つとして、スマートマンションに興味関心をお持ちいただき、さらにそれが今日、希薄になりつつあるコミュニティ形成の一助につながれば幸いです。

平成27年1月

日下部理絵

古澤　和也

目次

はじめに ·· 1

第1章
スマートマンションとは　9

スマートマンションの全体像 ·· 10
(1) スマートマンションとは何か ·· 10
(2) 東日本大震災発生前までのエネルギー政策 ················ 11
(3) 東日本大震災以降のエネルギー政策 ···························· 13

Interview
経済産業省担当者に聞く！
スマートマンションの魅力と将来 ································ 16
経済産業省商務情報政策局情報経済課　小林　正孝 氏

(4) なぜ、マンションなのか ·· 19
(5) スマートマンションにはどんなサービスがあるのか ········ 21

Close-up
低炭素社会の実現とスマートマンション ······················ 36
ＮＰＯ法人日本住宅性能検査協会　理事長　大谷　昭二 氏

スマート化を取りまく環境 ··· 40
(6) なぜ今、スマートマンションなのか ······························ 40
(7) スマートマンションとスマートコミュニティ ················ 41
(8) 地方公共団体のスマートマンション施策 ······················ 44

第2章
HOW TO スマートマンション
～スマートマンションのつくりかた～　45

国によるスマートマンション導入促進事業 46
 1. 平成26年度「スマートマンション導入加速化推進事業」の概要 46
  (1) 補助金事業の目的 46
  (2) 事業のスキーム 48
  (3) 補助事業の概要 49
  (4) 平成２５年度における交付申請状況 66
 2. スマートマンション評価制度 68
 3. MEMSアグリゲータのサービスにはどんなものがあるか 70
  (1) MEMS（補助対象システム・機器） 71
  (2) エネルギー管理支援サービス 71
  (3) 付帯サービス 72

既存マンションへの導入 78
 1. 概要 78
 2. 手続き 79
  (1) スマートマンション導入の流れ 79
  (2) 導入のための合意形成のポイント 82
  (3)「高圧一括受電設備」導入時の注意点 82
  (4) 総会手続き 83

マンションの資産価値を上げるために ……………………… 90
(1) マンションの資産価値とは …………………………… 90
(2) 資産価値の将来性とは ……………………………… 91
(3) 導入に適したマンションの戸数規模 …………………… 92
(4) マンションの平均棟数や戸数 ………………………… 93
(5) 既存マンションにおける管理会社の役割と可能性 ……… 94
(6) スマートマンションの導入で暮らしは変わるのか ……… 95
(7) マンション建替え円滑化法の改正 …………………… 96

第3章
導入が進むスマートマンション　99

Interview
経済産業省「スマート評価制度」の「☆☆☆☆☆（5スター）」評価を獲得！ …………… 100
三井不動産レジデンシャル株式会社
市場開発部 商品企画グループ 兼　総務部　環境推進室　主査　町田　俊介 氏

Interview
エネルギーから作られるコミュニティ～森のシティ街づくり協議会～ ………………… 114
野村不動産株式会社　住宅事業本部　商品開発部　曽田　朋恵 氏

Interview
エネルギーマネジメント推進部を新設！既存マンション向け電力サービス「スマートマンション化」へ提案強化 ……………… 128

野村不動産パートナーズ株式会社　エネルギーマネジメント推進部
副部長　石塚　真太郎 氏

Interview
震災体験から防災視点でスマート化！
〜津波一時避難施設でもある、ミニ発電所マンション〜 ……… 132
ダイアパレスライブシティ船橋管理組合　理事長　石渡　憲治 氏

Interview
電気代削減がきっかけ！　エコな省エネマンション ……………… 140
西京極大門ハイツ管理組合法人　理事長　佐藤　芳雄 氏

第4章
地方自治体からの後押しと今後の展望　151

東京都におけるスマートマンション導入促進事業 ……… 152
- 2020年の東京のあるべき姿とは！？ ……………… 152
- スマートマンション導入促進事業の概要 ……………… 153
- スマートマンション導入促進事業の助成金申請手続き ……… 159

アイランドシティ地区での挑戦！
〜コミュニティ形成からの街づくり、そしてスマートマンションへ〜（福岡県福岡市） ……… 164
- アイランドシティ構想のきっかけ ……………… 165
- まちづくりエリアでの取組 ……………… 165

電力会社を選択して買う時代までわずか
～2016年電力の小売参入全面自由化～ ……… 178
地域独占の電力会社の歴史 ……… 178
すでに始まっている「電力の小売"部分"自由化」……… 180
動き出した電力システム改革 ……… 181

用語集 ……… 189

付録 ……… 194

第1章 スマートマンションとは

近時、話題となっているスマートマンション。そもそもスマートマンションとはどんなマンションなのか？ スマートマンションで街や私たちの生活はどう変わるのか？
この章では、スマートマンションの特徴からスマートマンションを取り巻く環境まで、スマートマンションの全体像をわかりやすく解説しています。

スマートマンションの全体像

（1）スマートマンションとは何か

　もともと「スマート（Smart）」には「賢い」という意味があり、スマートマンションの「スマート」には、限りあるエネルギーや資源を賢く、効率よく利用できるようにするという意味があります。これをエネルギーの管理の視点から説明すれば、エネルギーの供給（売る）側と需要（使う）側の双方向的な、かつ自立的な情報交換や制御によって、エネルギー利用の最適化を効率的に実現すること、ということができます。

　スマートマンションを推し進める経済産業省は、エネルギーマネジメントの観点から「スマートマンション」を定義し、「スマートマンション」とは「マンション全体でエネルギー管理、節電およびピークカット・ピークシフトを行い、エネルギーの効率的な使用や無理のない節電を実現するマンション」のことをいうものとしています。そして、マンションのエネルギーを管理するシステムをMEMS（メムス　Mansion Energy Management System）と呼んでいます。スマートマンションにおいては一般的に、マンションの専有部（住居部分）にある家電や制御端末、また共用部の空調、照明、太陽光パネル、蓄電池などに測定器を取り付け、電気の利用状況を把握したり、電力需要のピークを抑制・制御することによりエネルギーを管理します。

　ここでピークカット、ピークシフトについて触れておきます。ピークカットとは、電力需要の多い時間帯に電気使用量を減らして、使う電気をカットすることです。また、電気を使う時間をずらすことを「ピークシフト」といいます。

スマートマンションのイメージ

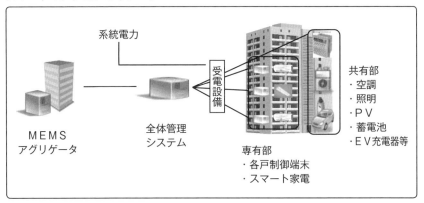

【出典】経済産業省

ピークカットとピークシフト

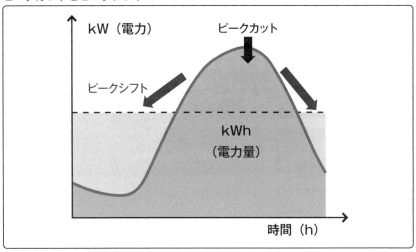

（2）東日本大震災発生前までのエネルギー政策

　エネルギーを効率よく運用するエネルギーマネジメントは、わが国では、従来より2つの観点から必要とされています。
　1つは、エネルギーの安定的確保です。エネルギーは、人間のあらゆ

る活動を支える基盤ですが、わが国では、その中心となっている石油などの化石燃料が乏しいことは、よく知られています。そのため、わが国においては、私たちの生活や産業活動を守るために、エネルギーを安定的に確保することが従来より課題とされてきました。1973年の第一次オイルショックの際には9.2％であったエネルギー自給率は、様々な取組をした結果、2010年には19.9％まで改善しました。しかし、近年では原子力発電所の停止の影響もあり、2012年には6.0％に低下しています。

OECD諸国の一次エネルギー自給率比較（2012年：推計値）

順位	国名	自給率
1位	ノルウェー	677.4%
2位	オーストラリア	235.4%
3位	カナダ	166.2%
8位	アメリカ	85.0%
14位	イギリス	60.7%
15位	フランス	52.9%
20位	ドイツ	40.1%
27位	スペイン	25.8%
30位	韓国	18.0%
33位	日本	6.0%
34位	ルクセンブルク	2.9%

日本の一次エネルギー自給率の近年の推移

	2010年	2011年	2012年
エネルギー自給率	19.9（29位）	11.2（33位）	6.0（33位）
石炭	―	―	―
原油	0.1	0.2	0.1
天然ガス	0.6	0.7	0.7
原子力	15.0	5.8	0.6
水力	1.4	1.6	1.5
再エネ等	2.7	3.1	3.1

（注1）IEAは原子力を一次エネルギー自給率に含めている。
（注2）表中の「―」：僅少
出典：IEA「Energy Balance of OECD Countries 2013」を基に作成

【出典】エネルギー白書2014

　もう1つは、地球の温暖化に対処するための二酸化炭素の削減です。化石燃料に依存したエネルギー使用は、大量の温室効果ガスを排出し、深刻な地球の温暖化を招く結果となっています。

　そして、こういった問題に対応するために、わが国は、エネルギーの自給率の向上や非化石化燃料（再生エネルギー）の利用の促進等の施策を行ってきました。しかし、2011年3月に発生した東日本大震災は、

電力を安定供給するためのベースロード電源である原子力に対する不安を招きました。そのため、エネルギー構造を変化させ、これまでのエネルギー政策を根本的に見直さざるを得ないこととなりました。

このように東日本大震災までのエネルギー政策は、個人に直結するようなものではなく、どちらかというと地球環境への配慮や将来の不安への対策という意識が高かったといえるでしょう。

（3）東日本大震災以降のエネルギー政策

東日本大震災により変化したエネルギー構造に適合させるためのエネルギー政策は、大きく2つの柱からなっています。1つは、一次エネルギーに対するものです。特に太陽光や風力、地熱などの再生可能エネルギーの技術開発や導入、利用の促進が図られています。

もう1つは、二次エネルギー構造のあり方や活用の見直しです。二次エネルギーは、一次エネルギーを発電・精製・乾留などにより変換・加工したエネルギーで、最終需要家（消費者等）が利用するエネルギー形態です。省エネルギーを進めるためには、電気や熱への転換をいかに効率よく行い、無駄なく利用するのかが基本となりますが、そのためには、これまでのように一次エネルギー源だけではなく、二次エネルギー構造についても効率よく利用できるようにすることが重要となってきました。

ところで、二次エネルギーの中心となっているのが電気です。電気は、多様なエネルギー源を転換して生産することが可能であり、利便性も高く、一般の家庭においても中心的な役割を担っています。私たちの生活がどれだけ電気に頼っているのかは、東日本大震災直後に実施された東京電力管内での計画停電や、それ以降も自発的に継続されている照明機器の利用制限などで、身近に感じるところです。

電気は二次エネルギーの中心であることから、私たち市民の生活レベルでは、「エネルギーをコントロールすること＝電気をコントロールすること」を意味するようになっています。そのため、スマートマンションや戸建住宅のスマートハウスは、「現時点」では、電気を効率よく運用するシステムが導入されているマンション（集合住宅）や戸建住宅を意味する言葉として用いられています。そして、一般にマンションや住宅で、電気をコントロールするシステムを導入することをスマート化と呼ぶことが多いようです。

　これは、電気料金の値上げが図られている「現時点」において、エネルギーマネジメントは、東日本大震災前のような地球環境への配慮や将来への不安に対する対策というよりも、電気料金を削減するためのツールと考えられていることの現れ、ということができるでしょう。

震災前後における温室効果ガス排出量の動向

	2008年度	2009年度	2010年度	2011年度	2012年度
エネ起CO2排出量	1,138	1,075	1,123	1,173	1,207
うち電力分※	395	353	374	439	486
うち電力分以外	743	722	749	734	720

※「電力分」は、一般電気事業者による排出量
（百万t-CO2）

【出典】資源エネルギー庁「総合エネルギー調査会基本政策分科会第6回会合資料」

電気料金の推移

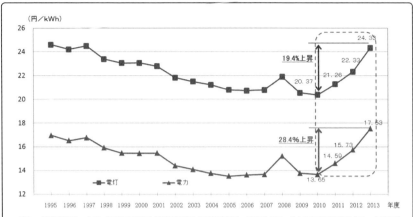

(注) 電灯料金は、主に一般家庭部門における電気料金の平均単価で、電力料金は、自由化対象需要分を含み、主に工場、オフィス等に対する電気料金の平均単価。平均単価の算定方法は、電灯料収入、電力料収入をそれぞれ電灯、電力の販売電力量（kWh）で除したもの。
出典： 電気事業連合会「電力需要実績確報」、各電力会社決算資料等を基に作成

【出典】エネルギー白書2014

Interview

経済産業省担当者に聞く！
スマートマンションの魅力と将来

経済産業省商務情報政策局情報経済課
小林　正孝 氏

——まずはなぜ、国がスマートマンションに力を入れているか教えてください。

小林　エネルギー資源の乏しい日本にとって、東日本大震災以前の省エネルギーは、使用するエネルギーの総量を減らすことを意味していました。その後、私たちは東日本大震災による電力の供給力不足を経験し、電力の最大需要の削減をすることが省エネルギー政策としてクローズアップされました。電力ピークの削減のため、国民の皆様には、消費者自らが取り組む「節電」へのご協力をお願いしてきました。ただ、そこでは国民の皆様が自ら行動することが必要となります。一方、これだけ情報通信技術が発展しておりますので、エネルギー・マネジメント・システム（EMS）を使い、エネルギーを管理して、もちろんある程度の行動が必要にはなりますが、省エネルギーも含め、エネルギーを賢く消費する環境をつくろうということになったのです。

——なぜマンションのスマート化を推進することにしたのですか。

小林 エネルギーを消費している部門分けを行っていくと、家庭は、戸建住宅と（マンションを含む）集合住宅に分けられます。世帯が集合しているマンションのスマート化は、戸建てに比べてビジネス性が増し、自立的な普及に移行しやすいことから、ＨＥＭＳ（ヘムス Home Energy Management Stystem）の導入普及とアグリゲータビジネスの創出に向けた第一歩として、平成25年より約130億円の予算を投じて、スマートマンションに対する補助を行っています。

——平成25年度から始まった「スマートマンション導入加速化推進事業費補助金」ですが、現在の申請状況などをお聞かせください。
小林 平成26年3月現在、941棟の交付申請をいただきまして、そのうち、交付決定に至っているのは600棟強です。賃貸マンションでも申請はもちろんできますが、分譲マンションからの申請が中心です。

——現在は分譲マンションが中心なのですね。新築と既築では、既築の申請が多いようですが。
小林 理事会承認を得て、今年（平成26年）3月くらいまでに申請した管理組合では、ちょうど今ごろ（6〜7月）、総会で住民の方に説明している時期かと思います。そこでスムーズにいくマンションもあれば、様々な点から検討を継続しているというマンションもあります。ただ、申請をしたが断念をしたという話は聞いていないです。

——スマートマンションの魅力とは何かを教えてください。
小林 現段階では、ＥＭＳや高圧一括受電サービスを使って、エネルギーを賢く消費することだと思います。ただ、スマートマンションを普及させるにあたり、エネルギーは入り口だと思うんです。アグリゲータやデータを利活用する事業者が、そこから新しいサービスを創

出して、スマートマンションを省エネルギーなマンションというだけではなく、生活の「質」を向上させ、さらにはマンションというインターフェースから、コミュニティへとつながっていくのが、私たちが目指す真のスマートマンションの姿だと考えています。現実のコミュニティとスマートマンションをつなげることは簡単ではないのもわかっているんです。例えば、コミュニティセンターで各住戸に取り付けられるモニターの使い方の講習会で、お年寄りと子供たちがつながりを持つというのもコミュニティの創出になると思います。そこから派生して、モニター操作をお隣さんに聞いたり、わが家の節電アイディアを話したりといった形になっていけば、新たなコミュニティが生まれるキッカケになるのではないかと思います。

――これからのスマートマンションの展望を教えてください。

小林 昨年、閣議決定された日本再興戦略の「エネルギーを賢く消費する社会」の実現に向けて、現在スマートマンションのみならず、戸建住宅をエネルギー管理するＨＥＭＳから、街全体のエネルギー管理をするスマートシティまで取組が始まっています。そのオールジャパンで取り組むエネルギーを賢く消費する社会の中で生まれてくるデータを利活用して、いかにビジネスとして広げていくのかが、私たちに課せられた宿題と考えています。そこから新たな産業が創出され、見守りサービスのみならず、私たちが考えていなかったような国民目線の生活系サービスが誕生すればと思います。このように、エネルギー管理から快適な生活が誕生し、連携する形でコミュニティが創出されればと考えています。

――ありがとうございました。

（4）なぜ、マンションなのか

　そもそもマンションとは、一般に共同住宅や集合住宅のことをいいます。本来、スマート化は、戸建住宅も含めて導入されることが理想的ですが、戸建住宅のスマート化は、対象件数が非常に多く、機器の導入などに掛かるコストがネックとなり、実現にはかなりの困難が伴います。しかも、1軒ずつのスマート化における省エネ効果は、大きなものは期待できません。

　これに対してマンションは、1つの建物に多くの住居があり、多数の住民が住んでいますので、スマート化により比較的大きい省エネ等による経済効果が期待でき、効率的に、エネルギー・マネジメント・システムの普及が進められます。そのため、国の施策として、また、電気をはじめとする産業界において、今、マンションのスマート化が注目されているのです。

エネルギーマネジメントの普及状況

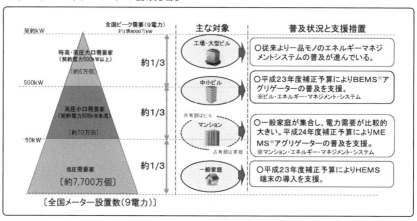

【出典】経済産業省商務情報政策局情報経済課
『ＨＥＭＳデータ利用サービス市場におけるデータ取扱マニュアル α 版』

「日本経済再生に向けた緊急経済対策」
(平成25年1月11日閣議決定) 抜粋

1. 民間投資の喚起による成長力強化

　民間投資の喚起のため、企業の設備投資や研究開発・イノベーション創出への取組等を促進するとともに、国際競争力強化等に資するインフラ整備、資源・海洋開発等により成長力を支える基盤整備に取り組む。

(1) 成長力強化、省エネ・再エネ促進等のための設備投資等の促進
　円高や厳しいエネルギー制約に対応しつつ、最新設備の導入等により産業競争力の強化を図るとともに、低炭素社会の創出等に資する省エネ・再エネ投資等を金融面・税制面も含め促進する。また、まちづくり・交通分野において、住宅・建築物の省エネ改修等の支援等を行うほか、電気自動車をはじめとした次世代自動車の加速度的普及に取り組む。

①産業競争力強化、省エネ・再エネ促進等のための投資促進

　　　　　　　　　　　省略

②まちづくり・交通分野におけるエネルギー・環境問題への対応
・住宅・建築物の省エネ改修等の促進(国土交通省)
・スマートマンション導入加速化推進事業(経済産業省)
・次世代自動車充電インフラ整備促進事業(経済産業省)
・超小型モビリティの導入促進(国土交通省)　　　　　　等

　そして、マンションのスマート化は、直接的には、省エネ効果を目的とするものですが、そこに導入される様々なシステムや機器は、私たちの生活を便利にしてくれる効果を生んでくれます。そのため、スマートマンションは、快適なマンション生活をおくるためのマンションコミュニティの実現も期待できるものとなっています。

（5）スマートマンションには
どんなサービスがあるのか

　現在、マンションに導入されているスマート化には次のようなものがあります。

＜スマートマンションの主なサービス＞
　後ほど説明しますが、経済産業省は、「スマートマンション導入加速化推進事業」の中で、スマートマンションを5項目で認定する評価制度を導入しています。

① エネルギーマネジメント（エネマネ）
② デマンドレスポンス（DR）
③ 独自料金
④ 創蓄連携
⑤ 家電制御

　ここからは、その項目を中心に、スマート化の主なサービス内容を説明します。

① エネルギーマネジメント（エネルギー管理支援サービスによる節電）
　MEMS（マンション・エネルギー・マネジメント・システム）を導入し、エネルギー管理支援サービスを受けることをいいます。共用部や専有部の電力需要の「見える化」により、マンション全体の電力需要状況を把握することができるようにするものです。
　効果的な節電を行うには、家庭内での節電意識を高めることが基本となります。そのためには、何がどれだけ電力を消費しているかを視覚化

エネルギーマネジメントのイメージ

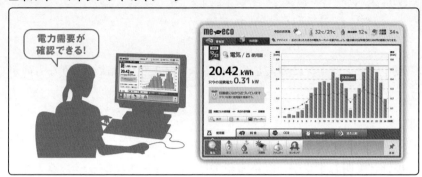

【資料提供】一般社団法人 環境共創イニシアチブ

することが効果的です。そこで、インターネットを通じて、家庭内の電力使用量や電気料金などのデータを見えるようにしたり、さらにそのデータから統計管理、傾向分析を行うなどのサービスが様々な企業で考えられています。なお、エネルギーマネジメントによる効果で、従来の同型マンションと比べて10％以上の節電効果が見込める設計がなされています。

また、電気事業者は、2014年4月の省エネ法（エネルギーの使用の合理化等に関する法律）の改正を受けて、「スマートメーター」の導入を決定し、各社が管轄内における全顧客の電力計を、スマートメーターに置き換えることを決定していますが、電力の見える化は、電気事業者だけではなく、様々な業種の企業によりシステムが開発されています。

② デマンドレスポンス（DR）（電力ひっ迫時の節電要請）

電力の供給量に応じて、電力需要のピークシフト、ピークカットで節電を行うことで、需要家（消費者）が需要量を変動させて電力の需給バランスを一致させることをいいます。従来の電力コントロールは、計画停電にみられるように、電力の供給側（電力会社等）が行うものでしたが、デマンドレスポンスは、需要家側が電力をコントロールするもので、

デマンドレスポンスのイメージ①

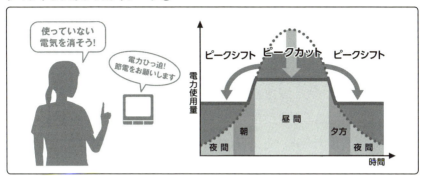

【資料提供】一般社団法人 環境共創イニシアチブ

新しいエネルギー管理の仕組みということができます。

電力ひっ迫時には、節電の要請が届き、最大電力需要が起きる時間をずらす「ピークシフト」や、最大電力需要の量自体を減らす「ピークカット」が可能となります。デマンドレスポンスは、エネルギーマネジメントを一歩進めたものということができます。

デマンドレスポンスのイメージ②

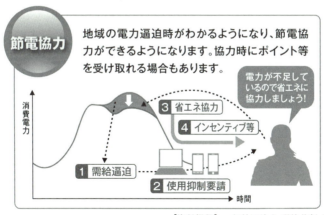

【資料提供】一般社団法人 環境共創イニシアチブ

また、このデマンドレスポンスを自動化したものをＡＤＲ（Automated Demand Response）といいます。日本語では、自動応答

需要といわれることがあります。アメリカでは、ネットワーク経由するサーバー機器によって、利用者の電気需給情報を電力会社やアグリゲータと共有し、リアルタイムでの電気需給の調整を自動で行うシステムが実用化されています。わが国では、デマンドレスポンス等の最新の電力制御技術を活用して、電力系統全体の需給状況と連係し、需給に応じた節電要請と節電応答を自動化すべく家電機器や創エネルギー・蓄エネルギー機器（太陽光発電、電気自動車等）の研究が進んでおり、一部は、経済産業省の5カ年計画（2010年度から2014年度）の実証事業に導入されています。

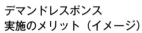
デマンドレスポンス
実施のメリット（イメージ）

③ **独自料金（節電により電気代が効果的に削減できる料金プラン）**

　節電行動による電気料金の削減がさらに効果的になる独自の料金プランが考えられています。例えば、時間帯別料金やピーク価格といった形で需要ピーク時に電力料金を高くし、需要家が電気料金の安い時間帯に電気を使うように促す方法などがあります。

　マンションで電気の供給を受けるためには、2つの方法があります。通常は、電力会社と直接供給契約をする方法がとられています。一般のマンションでは、個々の住居単位で電力会社と電気の供給契約を結んでいます。現時点では、電力会社が用意しているいくつかの電気プランから選んで電力を供給してもらっています。例えば、東京電力管内では、

独自料金のイメージ①

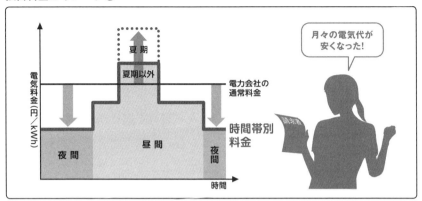

【資料提供】一般社団法人 環境共創イニシアチブ

節電を意識したものとして、「おトクなナイト」（時間帯別電灯）、「ピークシフトプラン」（季節別時間帯別電灯）、「朝得プラン」などがあります。ただ、この方法は、電気料金がパターン別に決まっているため選択肢も狭く、マンションごとに自由に電気料金を決める、ということはできません。

これに対して、電力会社と供給契約を結んだ別の企業（配電業者といいます）から、電気を買う方法もあります。この場合は、配電業者とマンションの管理組合が契約を結ぶので、自由に電気料金を決めることができ、さらに細かい独自の料金プランが可能となります。例えば、電力を一度に多く使うと電気料金が高くなるという独自料金を設定しているところもあります。

独自料金のイメージ②

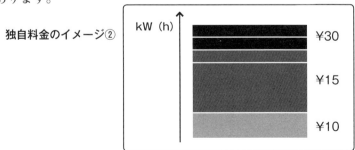

いずれにしろ、独自の料金プランの目的は、節電行動を促すものですから、間接的にデマンドレスポンスを促す方法ということができます。
　さらに、家庭向けなどに電力の小売参入全面自由化が 2016 年に始まることが決まりました。電力の小売参入全面自由化がされると、通信やガス会社など、既存の大手電力会社以外の企業も家庭に電気を売ることができるようになり、家庭はどの会社から電気を買うか自由に選べるようになります。これにより、マンション住民や管理組合は、個別に小売電気事業者と電気料金を決めることができるようになりますので、マンションのスマート化が実現しやすくなることが期待されます。電力の小売参入全面自由化については、第 4 章で詳しく述べます。

④ 創蓄連携（太陽光発電システムや蓄電池等の連携による非常時の電源確保）

　例えば、太陽光発電システムで発電した電力を蓄電池に蓄え、普段の節電に活用するほか、緊急時や災害時にはマンションのエレベーターや給水施設等の重要な設備へ優先的に電力を供給することです。
　太陽光発電システムは太陽電池パネルによって太陽光（エネルギー）を吸収して直接電気に変える装置ですが、それ自体には、蓄電機能はあ

創蓄連携のイメージ

【資料提供】一般社団法人 環境共創イニシアチブ

りません。そのため、夜中に停電などがあっても、太陽光発電では、電気を供給できません。そこで、蓄電池を同時に導入することにより、夜中でも緊急時の供給が可能となります。他方、蓄電システムは、電気で稼働しますが、いざというときに電池がないという事態がありえます。そこで、太陽光発電システムと蓄電システムを同時に導入することにより、お互いの短所を補って、安定した電気供給が可能となります。これを「創蓄連携」といいます。

蓄電システムとしては、蓄電池が一般的ですが、電気自動車も蓄電池として利用することが可能となってきています。

太陽光発電システムで発電した電気や、電気料金が安い深夜に電気自動車に充電しておけば、効率よく電気を運用することができるようになります。

創 太陽光発電と固定価格買取制度

住宅用太陽光発電システムの年間発電量は平均して約1,000ｋＷh／ｋＷ／年で、地域や年によって1～3割程度のばらつきがあるといわれています。関東地方以南の太平洋側は日射量が多く、相まって全体的に発電量も多くなり、特に太平洋側の静岡県と高知県、そして山梨県で年間発電量は1,100ｋＷh／ｋＷ／年を超えています。日本の家庭の年間消費電力量は、1世帯あたり約5,650ｋＷhであることから、これと同等の発電量を得る場合のシステム容量としては約6ｋＷの太陽光発電システムが必要となるとされます。

固定価格買取制度とは

2012年7月から太陽光発電を含む再生可能エネルギーの「固定価格買取制度」がはじまっています。これは、電気事業者が一定価格で買い取ることを国が約束する制度です。いくらでどのくらいの期間を買い取

るかは、必要となる経費を基に、どのくらいの利益になるかを計算して算出されます。具体的には、有識者の集まりである「調達価格等算定委員会」が原案を作成し、最終的には経済産業大臣が決定します。

　太陽光発電の場合、発電量が10ｋＷ未満ですと「余剰売電」といい、発電した電力をまずは消費電力として使用し、それでも余った電力を売ることになります。一方で、発電量が10ｋＷ以上になると、「余剰売電」と、消費電力に回さず発電した電力を全て売る「全量売電」が選択できます。

　それでは、実際に、電力会社がどのくらいの価格で、どのくらいの期間で買い取るかというと、平成26年度の場合、発電量が10ｋＷ未満の太陽光発電で買取価格が37円／ｋＷｈ（税込）で、買取期間は10年間となっています。また、10ｋＷ以上の太陽光発電の買取価格は32円／ｋＷｈ（税抜）で、買取期間は20年間となっています。この価格は見直されますので、実際に導入する際の価格は、資源エネルギー庁のホームページ等で確認してください。

太陽光発電システムの構成

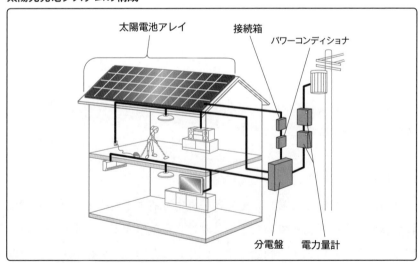

蓄 蓄電池

　蓄電池とは、文字どおり貯めることのできる電池のことです。私たちが普段使っている乾電池は、放電のみができるもので、一次電池と呼ばれています。これに対して、蓄電池は、放電に加えて貯める機能を持っている電池で、二次電池といわれます。身近なところでは、携帯電話やスマートフォンなどの電池パックがあります。現在、蓄電池は4～5種類ありますが、家庭用の蓄電システムは、軽量化と小型化が進むリチウムイオン蓄電池が主流となっています。先ほども触れましたが、太陽電池パネルで発電した電気は、家庭内で使用する電力より発電量が増えた場合、余剰電力として、電力会社に売ることになります。通常、太陽電池パネルで発電した電気は、貯めることができませんので、太陽光発電によってつくられた電気を夜間や停電時に使用するためには、蓄電池を設置することが必要となります。

創 燃料電池

　ＬＰガスや都市ガスから取り出した「水素」と大気中の「酸素」を結合させて、電力と熱をつくりだすシステムが（家庭用）燃料電池です。ここで発電した電力で家庭の電力をまかない、また発電時に発生した熱でお湯を沸かすこともできます。家庭用燃料電池は、エネルギーをつくる農場という意味で「エネファーム」ともいわれています。

　燃料電池の特徴として、家庭菜園のように「消費する場所＝つくり出す場所」となりますので、ロスが少なく、エネルギー効率が良いといわれています。近年では、戸建住宅に比べ設置に関する制約条件が多いマンションにおいても、設置可能な燃料電池が商品化されています。

蓄 次世代自動車とＶ２Ｈ

　次世代自動車とは、脱石油燃料、炭素の排出削減を目的とした自動車

のことをいい、2008年に閣議決定された「低炭素社会づくり行動計画」の中で、エンジンと電気モーターの2つの動力源を持つハイブリッド自動車（HV）、電気自動車（EV）、プラグインハイブリッド自動車（PHV）、燃料電池自動車（FCV）、クリーンディーゼル自動車、天然ガス自動車等のことをいうものとされています。従来は、ハイブリッド自動車が中心でしたが、現在は電気自動車やプラグインハイブリッド自動車も普及しています。

　街全体をスマート化するスマートシティの中では、電気自動車、プラグインハイブリッド自動車、燃料電池自動車のような次世代自動車の蓄電池のエネルギーを、家庭に電力として供給する仕組みも普及しつつあります。このような仕組みを「Vehicle to Home（V2H）」といいます。

電気自動車等を使って家庭内に電力を供給するしくみ（V2H）

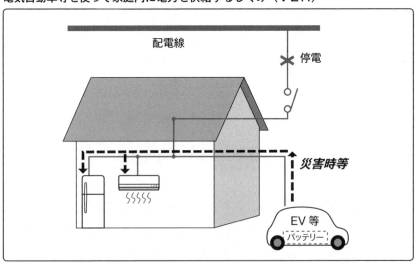

⑤ 家電制御（エコーネットライトによる家電制御）

　スマートマンションは「節電およびピークカット・ピークシフトを行い、エネルギーの効率的な使用や無理のない節電を実現するマンショ

家電制御のイメージ①

【資料提供】一般社団法人 環境共創イニシアチブ

ン」といいましたが、これを自らの行動に基づいて行うのではなく、情報通信技術（ICT）を駆使して行うのが、家電制御の目的です。エアコンや照明などを消し忘れた場合でも、遠隔制御で電源をOFFにすることができ、無駄な電力を抑えることができます。

しかし、これには制御する側と制御される側に共通認識がなくてはなりません。例えば、「エアコンを切ってください」と制御する側が言ったとしましょう。しかし、制御される側（エアコン）が日本語をわからなかったら、エアコンが切られることはないでしょう。これをスマートマンションに照らして考えてみると、お互いに共通認識をさせるための、スマート家電向け制御の標準規格として、エコーネットライト（ECHONET Lite）があります。つまり、エコーネットライトは先ほどの事例でいうと、共通の言語のようなものです。

もう少し詳しく見てみましょう。エコーネットライトの定義として「エコーネットコンソーシアムにて策定されたHEMS構築のための通信規格。家電機器、スマートメーター、太陽光発電システムなどを含む約80種類以上の機器の制御が想定されている。従来の規格『ECHO

制御する側と制御される側の共通認識

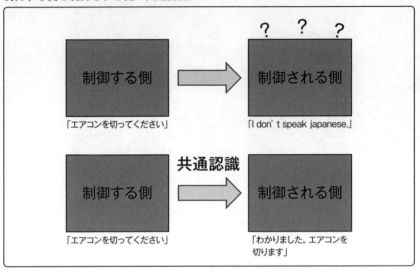

ECHONET Liteのイメージ

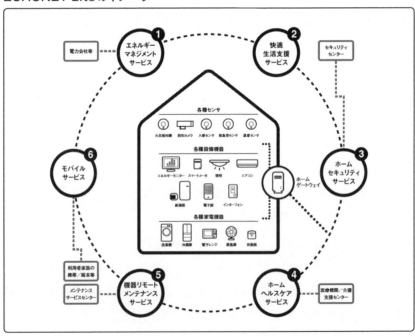

【出典】HEMS（ECHONET Lite）認証支援センター「総合パンフレット」

ＮＥＴ』を見直し、ソフトウエアの実装を軽装化した。2012年2月、スマートコミュニティ・アライアンスの『スマートハウス標準化検討会』より、『公知な標準インターフェース』として推奨され、スマートハウス向け制御プロトコルとしてＩＳＯ規格、ＩＥＣ規格として国際標準化されている」といわれています。この規格にのっとった家電は、自動制御機能が搭載されています。スマートメーターや創蓄連携システムと連動させることにより、節電の自動化が可能となります。

家電制御のイメージ②

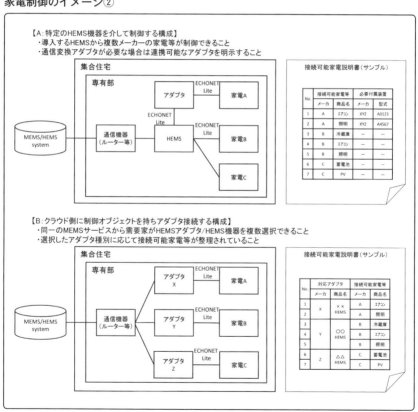

【出典】一般社団法人 環境共創イニシアチブ
「スマートマンション導入加速化推進事業ＭＥＭＳアグリゲータ公募要領＜2次公募＞」

⑥ 生活支援系サービス

　①から⑤にあげたサービスは、省エネを中心とした電力系のサービスですが、スマートマンションでは、住民の利便性を向上させる生活支援系のサービスも提案されています。これは、「スマートマンション評価制度」の項目にあるものではありませんが、省エネだけではない、スマートマンションのメリットとしてあげることのできるものです。

○ホームセキュリティサービス

ホームセキュリティサービス
HEMSデータから宅内への侵入者を検知し、宅内にある家電等を適切に制御し侵入の防止及び警備会社への迅速な対応を促すサービス

○高齢者見守りサービス

高齢者見守りサービス
HEMSデータから高齢者の生活パターン異常を検知。独居老人等の高齢者の異常を早期に発見し、応急処置や搬送サービスを提供。

○地元商店街連携サービス

地元商店街連携サービス
HEMSデータと消費者の生活に有用となるサービス（地元商店街で使用できるクーポンなど）とを連携させた地域活性化サービス

○在・不在分析による効果的な宅配サービス

在・不在分析による効果的な宅配サービス
電力利用データを元に、中央管理センターで顧客の在・不在状況を分析し、導き出した効果的な宅配ルートにて配達するサービス

○機器メンテナンスサービス

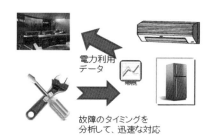

機器メンテナンスサービス
HEMSデータから家電等の異常を検知し、故障前のメンテナンスサービスや故障時の部品を事前準備するサービスを提供。また、これらのサービスと保険ビジネスを組合せることも可能

【資料提供】経済産業省

Close-up

低炭素社会の実現と
スマートマンション

NPO法人日本住宅性能検査協会
理事長　大谷　昭二 氏

　東日本大震災を契機としてエネルギーの需給が変化し、国民のエネルギー利用や地球温暖化問題に関する意識が高まっています。そんななか、わが国において低炭素・循環型社会の構築を図り、持続可能で活力ある国土づくりを推進することが重要な課題です。
　このため、都市機能の集約やそれと連携した公共交通機関の利用促進、建築物の低炭素化等の施策を講じることで、地域における成功事例を蓄積し、その普及を図ることを目的とした「都市の低炭素化の促進に関する法律」が平成24年12月4日に施行されました。
　低炭素社会を実現するためには、いまの社会の仕組みを考え直し、なにをどのように変えるべきなのでしょうか。「2050日本低炭素社会」シナリオチームは、「12の方策」として2050年までに1990年比で二酸化炭素排出量を70％削減する「2050年日本低炭素」シナリオを実現するための手立てを示しています。

●低炭素社会に向けた１２の方策●

	方策の名称	説　　明
1	快適さを逃さない住まいとオフィス	建物の構造を工夫することで光を取り込み暖房・冷房の熱を逃がさない建築物の設計・普及
2	トップランナー機器をレンタルする暮らし	レンタルなどで高効率機器の初期費用負担を軽減しモノ離れしたサービス提供を推進
3	安心でおいしい旬産旬消型農業	露地で栽培された農産物など旬のものを食べる生活をサポートすることで農業経営が低炭素化
4	森林と共生できる暮らし	建築物や家具・建具などへの木材積極的利用、吸収源確保、長期林業政策で林業ビジネス進展
5	人と地球に責任を持つ産業・ビジネス	消費者の欲しい低炭素型製品・サービスの開発・販売で持続可能な企業経営を行う
6	滑らかで無駄のないロジスティックス	SCM[*1]で無駄な生産や在庫を削減し、産業で作られたサービスを効率的に届ける
7	歩いて暮らせる街づくり	商業施設や仕事場に徒歩・自転車・公共交通機関で行きやすい街づくり
8	カーボンミニマム系統電力	再生可能エネ、原子力、CCS[*2]併設火力発電所からの低炭素な電気を、電力系統を介して供給
9	太陽と風の地産地消	太陽エネルギー、風力、地熱、バイオマスなどの地域エネルギーを最大限に活用
10	次世代エネルギー供給	水素・バイオ燃料に関する研究開発の推進と供給体制の確立

11	「見える化」で賢い選択	CO_2排出量などを「見える化」して、消費者の経済合理的な低炭素商品選択をサポートする
12	低炭素社会の担い手づくり	低炭素社会を設計する・実現させる・支える人づくり

＊1　SCM（Supply Chain Management）：材料の供給者、製造者、卸売、小売、顧客を結ぶ供給連鎖管理
＊2　CCS（Carbon dioxide Capture and Storage）：二酸化炭素隔離貯留
【出典】：平成20年5月　低炭素社会に向けた12の方策（「2050日本低炭素社会」シナリオチーム（独）国立環境研究所・京都大学・立命館大学・みずほ情報総研株式会社）

　スマートマンション化を進める理由についてですが、元来、温室効果ガスの削減を目的に、ITなどを活用し、エネルギー管理システムの開発などがすすめられていました。しかし、東京電力福島原子力発電所事故を境に、安定した電力供給には、今までのような電気事業者側の対策だけでなく、消費者も参加した新しいエネルギー需給の仕組みが必要だという考えが生まれました。その消費者の対策として検討されたのが、「家電機器などの省エネ化とピークカットやピークシフトなどのエネルギーマネジメント」の取組であり、また、温室効果ガスの低減にも貢献できる外断熱工法です。外断熱工法のメリットとして、①建物の寿命を延ばす、②結露が発生しにくい、③快適な環境を維持したうえで、空調にかかる光熱費を大幅に抑える、④アレルギー性疾患の改善に効果的、⑤外部の騒音を低減できることが挙げられます。
　外断熱工法はこのようなメリットを中心にPRされていますが、多くのメリットの中でもその最大の特徴は建物の長寿命化です。しかし外断熱工法は、日本国内においてはあまり普及していないのが現実です。その理由は、従来の内断熱工法に比べて費用面において割高であるからです。

しかし、従来の工法に比べて割高であるという理由だけで外断熱工法が採用されないことが、エンドユーザーの利益になっているかといえば疑問です。なぜなら、建物の寿命が２倍になればコストは半分になるといえるからです。

鉄筋コンクリート造の建物は、コンクリートで造られた建物ですから、温まりにくく冷えにくい構造といえます。外断熱工法では、この熱容量の大きさを利用します。従来の内断熱工法では、コンクリートの特徴である大きな熱容量を利用できません。外断熱工法では断熱材で躯体をすっぽりと覆うことによって外部環境の温度変化を遮断することを可能にします。躯体が内部環境に順応して、その大きな熱容量（空気の1,300倍）で熱を吸収したり放出したりして、室内の温度安定に寄与します。その結果、冷暖房費が大幅に削減でき、温度ムラのない室内環境が実現でき、結露抑制にも効果があるのです。鉄筋コンクリートと外断熱工法はとても相性がよいのです。外断熱にすることによって、コンクリートのもつポテンシャルを最大限に引き出すことができます。

低炭素・循環型社会を実現するためには、建物自体が高断熱性能を装備することをベースとして、省エネ型の設備機器を搭載し、ＭＥＭＳを導入していることが、今後、必須となっていくのです。

スマート化を取りまく環境

(6) なぜ今、スマートマンションなのか

　経済産業省では、平成25年度よりスマートマンションの普及を目的として、「スマートマンション導入加速化推進事業」を推進しており、その柱の1つとして、MEMS（マンション・エネルギー・マネジメント・システム）導入費用の一部を補助する補助金制度が運用されています。

　そして、この補助金制度の運用を皮切りに、全国各地でスマートマンションに関する動きがスタートしました。経済産業省が全国各地の経済産業局で事業説明会を開催するのはもちろんのこと、民間企業やNPO法人、自治体主催で、スマートマンションに関するシンポジウムやセミナーが開催されています。また、中部地区では、MEMSアグリゲータなど9社（2014年8月現在）によるスマートマンションに関する協議会「中部スマートマンション推進協議会」が設立されるなど、活発な動きがみられます。まさにマンションのスマート化は、"今"ということがいえるでしょう。補助金制度の詳細は、第2章で説明します。

「スマートマンションシンポジウム
あなたの住まいを楽しく、楽にする！
知っ得！スマートマンションのすべて」

2013年11月27日開催

【主催】
NPO法人日本住宅性能検査協会
【後援】
株式会社住宅新報社
一般社団法人マンション管理員検定協会

(7) スマートマンションとスマートコミュニティ

　マンションは、居住形態からみて、スマート化に適するものといえますが、わが国が抱える電力の安定的供給と効率のよい利用、という問題は、地域全体、都市全体、ひいてはわが国全体で実現する必要がある課題です。スマート化した都市を「スマートシティ」といい、スマート化した共同生活の基盤（地域）を「スマートコミュニティ」といいます。

スマートコミュニティのイメージ

【出典】経済産業省

　スマートコミュニティでは、地球温暖化を防止して、低炭素社会を実現するために、再生可能エネルギーを導入しながら、オフィスや住宅のエネルギーを相互で有効活用し、街全体をつなげていきます。大規模電源からの一方向での供給ではなく、分散型で双方向のシステムへと転換が計画されているのです。

　また、スマート化によるエネルギー利用の最適化を実現するためには、供給（電気事業者等）側と需要（消費者等）側の間に立ってスマートサービスを提供する事業者の存在が重要になります。

これが「アグリゲータ」と呼ばれる事業者です。
　需要（消費者等）側の主なメリットは、無理のない省エネ・節電による電力料金の低減です。供給側の主なメリットは、過剰な電力供給の回避による効率的な経営の実現です。アグリゲータの主なメリットとしては、地域環境に貢献する、社会に不可欠で将来性のあるビジネスの展開により、収益や企業価値の向上が望めることです。
　スマート化は、エネルギー問題と直結していますので、世界各地でスマートコミュニティに関するプロジェクトが進んでいます。その数は約500ともいわれています。そして、経済産業省は、2010年度から5年計画で「次世代エネルギー・社会システム実証」事業を、横浜市（神奈川県）、豊田市（愛知県）、けいはんな学研都市（京都府）、北九州市（福岡県）の4地域で進めています。この事業は、「新成長戦略（基本方

とよたエコフルタウンの全体像

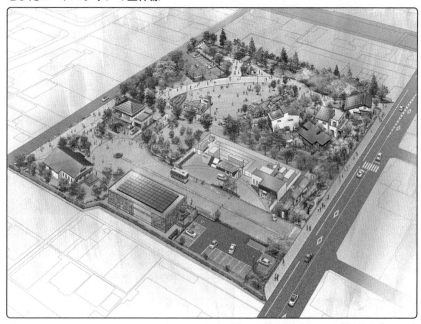

【資料提供】豊田市

針)〜輝きのある日本へ〜」(2009年12月30日閣議決定)にある「公共交通の利用促進等による都市・地域構造の低炭素化、再生可能エネルギーやそれを支えるスマートグリッドの構築、適正な資源リサイクルの徹底、情報通信技術の活用、住宅等のゼロエミッション化など、エコ社会形成の取組を支援する。(中略)自立した地方からの持続可能な経済社会構造の変革を実現する第一歩を踏み出す」ための取組の1つに挙げられます。

また、『第4次エネルギー基本計画』(2014年4月11日閣議決定)においても「地域の特性に応じて総合的なエネルギー需給管理を行うスマートコミュニティの実現」が掲げられています。現在、スマートコミュニティは、地球温暖化を防止して、低炭素社会を実現するために、再生可能エネルギーを導入しながら、オフィスや住宅のエネルギーを相

実証地域の1つである豊田市で"ミライのフツー"の暮らしが体感できる施設「とよたエコフルタウン」。4棟のスマートハウスをはじめ、水素ステーション、超小型モビリティなど様々な施設・設備などが体験できる。来場者数は2014年11月現在で延べ約13万人を超える(写真:筆者撮影)。

互で有効活用し街全体をつなげていく、大規模電源からの一方向での供給ではなく、分散型で双方向のシステムへの転換などといった取組が、実証レベルから実装レベルへと移行しつつあります。

(8) 地方公共団体のスマートマンション施策

　東京都は、2014年6月にスマートマンションに対する助成制度を発表しています。ある一定の条件のもとで、MEMSを導入した場合、助成対象経費の2分の1を東京都が補助するというものです。
　また、福岡市においては、アイランドシティ地区においてスマートマンション化したマンションに対して、助成をする政策を打ち出しています。
　東京都および福岡市の事例は、第4章で詳しく説明します。

第2章 HOW TO スマートマンション
～スマートマンションのつくりかた～

従来型のマンションをスマートマンションにするための強力なサポート手段として補助金制度があります。この章では、既存のマンションをスマートマンションにする方法について、国の補助金の申請手続きの概要とマンション内の手続きのポイントを中心にわかりやすく解説しています。

注）この章で紹介する内容は平成26年12月現在の情報です。導入段階での制度の有無、変更等は必ずご確認ください。

国によるスマートマンション
導入促進事業

　第1章でも少し触れましたが、国は「スマートマンション導入加速化推進事業（MEMS導入事業）」を実施（平成26年度現在）しています。その目的を簡単にまとめますと次の3つになります。

1　MEMS関連機器・サービスに関する民間投資を加速化するとともに民間主導の市場創出・ビジネスモデル構築を早期に実現すること
2　一般家庭部門におけるアグリゲータのビジネスモデルの確立によるアグリゲータビジネスの市場拡大
3　一般家庭部門のエネルギーマネジメント（節電・ピークカット）の促進による省エネの促進

　そして、これらの目的を達成するための具体的な施策が、補助金制度です。

1．平成26年度「スマートマンション導入加速化推進事業」の概要

（1）補助金事業の目的

　この事業は、MEMS（マンション・エネルギー・マネジメント・システム）を導入し、エネルギー使用の効率化および電力需要の抑制による無理のない節電を図るマンションなどの集合住宅の普及を推進し、また家庭部門へ電力供給サービスの提供を行うエネルギー利用情報管理者

（アグリゲータ）を育成することによる、電力供給ひっ迫時や災害時におけるエネルギーセキュリティの強化を目的としています。

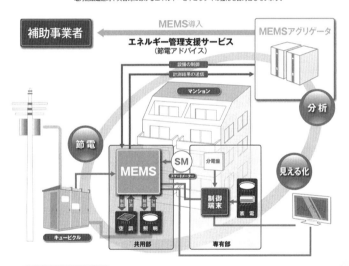

（2）事業のスキーム

　この事業の実施は、執行団体である一般社団法人環境共創イニシアチブ（ＳＩＩ）が、本事業においてクラウド等による集中管理システムを保有する事業者である「ＭＥＭＳアグリゲータ」を公募により募集・登録を行い、その情報を公表することから始まりました。事業開始年度である平成25年度のＭＥＭＳアグリゲータは24社、翌年の2月に第2次公募を行い、平成26年12月現在で29社が登録されています。現在は、ＭＥＭＳアグリゲータは、①電力会社系（エネルギー関連含む）、②管理会社系、③通信会社系、④その他の4つの業態に分けられます。

　そして、管理組合などの補助金を申請する者（以下、「補助事業者」といいます）は、ＭＥＭＳアグリゲータからＭＥＭＳを導入し、1年以上のエネルギー支援管理サービスの契約を行う場合に、ＭＥＭＳ導入費用の一部について補助を受けることができることになります。

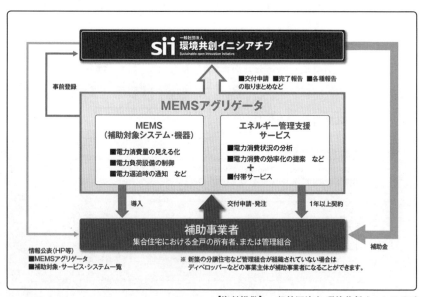

【資料提供】一般社団法人 環境共創イニシアチブ

(3) 補助事業の概要

平成26年度における補助事業の概要は次のとおりです。

① 補助事業の対象となる事業者

マンションへのＭＥＭＳ導入事業者のことを補助事業者といいます。

補助事業者は、①管理組合、②管理組合法人（法人化された管理組合）、③集合住宅における全戸の所有者です。

新築の分譲マンションなど実体として管理組合が組織されていないスマートマンションについては、ディベロッパーなどの事業主体が補助事業者となることができます。ただし、ディベロッパーなどの事業主体が補助金の交付を受ける場合、管理組合が組織された後、速やかに補助事業を管理組合に承継する手続きをＳＩＩに対して行うことが必要です。その際、補助対象設備は、原則として共用設備として譲渡し、エネルギー管理支援サービスの加入、電力消費の実績報告や取得財産等の適正管理など、補助事業者と同様の義務を負うことを確認する書類（契約書等）の提示ができることが必要です。

なお、管理組合は、補助事業を行うことについて各々が定める規定に基づく合意形成が行われていることが必要となります。

ディベロッパーなどの事業主体から管理組合への補助事業の承継手続き

ディベロッパーなどの事業主体は、補助事業の交付決定を受けた後、以下の時期に補助事業の承継手続きを行うものとされています。

補助事業の完了報告"前"に、管理組合の実体が備わったとき	補助事業の完了報告時

| 補助事業の完了報告"後"に、管理組合の実体が備わったとき | 管理組合が組織化されて1カ月以内（この場合でも、補助金は、ディベロッパー等に支払われます） |

② **補助事業者の要件**
　補助事業者は、以下の2つの要件を満たしていなければなりません。

イ）原則、補助事業を行う全住戸の住民が、MEMSアグリゲータと1年以上のエネルギー管理支援サービスについての契約をし、サービス開始後1年間の電力消費の実績報告を含む国への情報提供に同意していること
ロ）補助金の申請および交付に関する手続きなど、SIIの定める手続きがMEMSアグリゲータを通じて行われることについて同意していること

③ **交付申請者・申請単位**
　補助事業の交付申請者は、次のいずれかです。

【交付申請者】
イ）MEMSの導入を行う集合住宅の所有者（管理組合、管理組合法人、全戸オーナーのいずれか）
ロ）MEMS等、補助対象となるシステム・機器の所有者
【申請単位】
　原則、集合住宅の建物（棟）ごとに補助事業の交付申請手続きを行います。

補助事業の申請単位

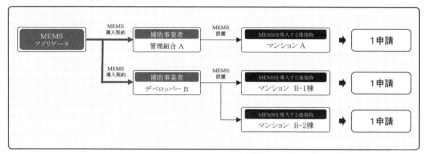

【出典】一般社団法人 環境共創イニシアチブ
「スマートマンション導入加速化推進事業費補助金（MEMS）交付申請の手引き」

　なお、補助金の交付の申請は、原則として集合住宅の建物（棟）ごとに申請することが必要です。集合住宅では、建物ごとに管理組合があり、管理組合ごとに補助事業の契約が行われることが想定されているからです。該当しないケースは、ＭＥＭＳアグリゲータに相談するとよいでしょう。

＜該当しないケースの例＞
【複数棟を分けることのできない１申請とする判断基準】
- 同一敷地内であること
- 引き込みが１受電であること
- 管埋組合が１つであること（該当管理組合が全ての棟に対して決定権があること）
- 分割ができない電力を消費する共用設備があること
（機械式駐車場、管理棟、給水ポンプ、共用の廊下がある、共用のエントランスがある等）

　上記４点を満たす場合は複数棟であっても１棟とみなされ、１申請を認めることとされます。

補助金交付申請書 ①

(様式第1) 　　　　　　　　　　　　　　　　　　　　　　　　　　1 / 3

　　　　　　　　　　　　　　　　　　　　申請書番号

　　　　　　　　　　　　　　　　　　　　　　平成　　年　　月　　日

一般社団法人　環境共創イニシアチブ

代表理事　赤池　学　　殿

　　　　　　　　　　　　申　請　者　　住　　所
　　　　　　　　　　　　　　　　　　　名　　称
　　　　　　　　　　　　　　　　　　　代　表　者　　　　　　　　　　印

　　　　　　　　　　　　共同申請者　　住　　所
　　　　　　　　　　　　　　　　　　　名　　称
　　　　　　　　　　　　　　　　　　　代　表　者　　　　　　　　　　印

　　　　　　　スマートマンション導入加速化推進事業費補助金（MEMS導入事業）
　　　　　　　　　　　　　　補助金交付申請書

　　スマートマンション導入加速化推進事業費補助金交付規程第8条第1項の規定に基づき、上記補助金の交付を申請します。

補助金交付申請書 ②

(様式第1)　　　　　　　　　　　　　　　　　　　　　　　　　　　　　2 / 3

申請書番号　_____

記

1. 申請者情報

種別	□ 全戸のオーナー　　□ 管理組合法人　　□ (法人格のない) 管理組合 □ 集合住宅建設の事業主体　※分譲マンション等で管理組合がまだ組織されていない場合のみ 　(□ デベロッパー　□ 販売事業者　□ その他 (　　　　　　　))
理事会で議決された日	平成　年　月　日　※全戸のオーナーが申請者の場合、記入不要 ※事業主体が申請者の場合、管理組合が組織される予定日を記入

2. 補助事業概要

補助事業の名称	
事業概要	
建物名称	
所在地	〒
開始予定日	平成　年　月　日　　終了予定日※　平成　年　月　日
他の補助金情報	
実施上問題となる事項	

3. 補助事業の担当者　※オーナー、組合理事長などの情報を記入

組合名／会社名		役職	
氏名		Mail	
住所	〒		
電話番号		FAX	

4. 建物の概要　※新築の場合は、予定を記入

竣工年月日	年　月　日	規模	地上　　階／地下　　階
住戸数	戸	床面積	㎡
契約電力会社※1		契約電力※2	KW
保有共用設備	□ 太陽光発電システム　　□ 燃料電池　　□ EV充電器 □ 蓄電池　(□ リチウム　□ 鉛)　□ その他 (　　　　　　　)		

※1. 新築マンションは見込みで記入すること。
※2. 一括受電を導入しない場合は記入不要。新築マンションで一括受電の場合は見込みで記入すること。

補助金交付申請書 ③

(様式第1)　　　　　　　　　　　　　　　　　　　　　　　　　　　　　3 / 3

申請書番号 _____

5. 補助事業の計画

サービス名称				登録番号	
サービス内容	■ エネルギー管理支援サービス ※10％以上の節電が見込める根拠となるものを添付すること	節電見込み	年　　　　kWh ／ 全体　　　　％
	□ 一括高圧受電　　□ 通信　　□ セキュリティ　　□ その他（　　　）
契約期間		年間	契約戸数	対象　　戸／全　　戸

◆MEMSに関する情報

契約形態	□ 販売　　□ サービス契約に含む(無償貸与)　　□ リース　　□ ESCO　　□ その他
計　測	■ 全体　（ □ パルス値　　□ 合算値 ）
共用部	□ 照明　　□ 空調　　□ 太陽光発電システム　　□ 燃料電池　　□ EV充電器 □ 蓄電池　（ □ リチウム　□ 鉛 ）　□ その他（　　　　　　　　）
専有部	■ 全体　（ □ パルス値　　□ CTセンサー ）　□ その他（　　　　　　）
制　御	
共用部	□ 人的制御　　□ 自動制御　　□ 制御を行わなくても節電見込みを達成できる □ 照明　　□ 空調　　□ 太陽光発電システム　　□ 燃料電池　　□ EV充電器 □ 蓄電池　（ □ リチウム　□ 鉛 ）　□ その他（　　　）
専有部	□ 人的制御　　□ 自動制御　（ □ 照明　□ 空調 ）　□ その他（　　　　　））

6. 補助事業経費の計画

経費区分	補助事業に要する経費	内、補助対象経費	補助率	補助金の額※
設計費			1/3	
設備費			—	
計測装置費			—	
工事費			1/3	
諸経費			—	
合計額				

※1円未満は設備費、工事費それぞれで切り捨てとし、補助額の合計額はそれぞれの1/3の合計。

7. MEMSアグリゲータの情報

アグリゲータ番号	
会社名	担当者名

(備考) 用紙は日本工業規格A4とし、縦位置とする。

リース、ESCOを活用する場合は、それらの事業者と共同で申請すること。

一般社団法人環境共創イニシアチブが執行するスマートマンション導入加速化推進事業は、経済産業省が定めたスマートマンション導入加速化推進事業交付要綱第4条に基づき、基金設置法人に交付される国庫補助金から、建築物に一定の要件を満たすエネルギー管理システムを導入しようとする者に交付するものです。

④ 補助対象となる事業

補助対象事業となるには、以下の要件を満たす必要があります。

イ）日本国内において実施される事業であること
ロ）MEMSアグリゲータが、エネルギー管理支援サービス等を実施するために、SIIが指定する機能要件を満たすMEMSを設置するものであること

⑤ 補助対象となる建築物

補助対象となるのは、集合住宅です。ここでいう集合住宅は、各々が独立して電力会社等と電力使用契約を取り交わす複数の住戸が、同一建物にある建造物のことをいいます。具体的には、分譲・賃貸を問わず、マンションやアパートなどです。二世帯住宅や老人ホーム、ホテル、旅館などは対象とはなりません。

商業施設と一体化しているマンションの場合

1）住宅部について独立した管理組合を形成している場合
- 住宅部の管理組合が補助事業を進めます。

2）住宅部と商業施設が共同で管理組合を形成している場合
- 当該管理組合が設定する意思決定のルールに従って補助事業を進めます。その際には、以下の点に注意が必要です。
  イ）住宅部に導入された設備・システムを補助対象とすること（共同で設置する設備はその使用頻度に応じて按分を行うこと）
  ロ）補助事業の担当者として、住宅部から代表者を選出すること

⑥ 補助対象となるサービス・システム

　補助は、ＭＥＭＳアグリゲータが提供する補助対象サービス・システムに対して行われます。このサービス・システムは、あらかじめＳＩＩの確認を受けて、登録されているものに限られます。

ECHONET Lite制御可能家電に関して

『ＭＥＭＳアグリゲータ公募要領（第２次）』より抜粋

　スマートハウス・ビル標準・事業促進検討会にて、接続可能家電等のマルチメーカー化推進が合意されています。「スマートマンション導入加速化推進事業」でもこの方針を踏襲し、以下の条件をＭＥＭＳアグリゲータの第２次公募（平成26年２月）より適用しています。

○需要家向けに提供しているＭＥＭＳ／ＨＥＭＳから接続可能家電等の一覧を公開すること
○公開する家電一覧はアグリゲータもしくはＨＥＭＳメーカー等が接続確認を行っていること
○接続可能家電等に２メーカー以上が含まれていること（通信変換アダプタ等の利用も可）

※接続可能家電等はエコーネットコンソーシアムから公開されている家電とすること
※接続可能家電等は、重点８機器（スマートメーター、太陽光発電、蓄電池、燃料電池、ＥＶ／ＰＨＶ、エアコン、照明機器、給湯器）の中から少なくとも１機器を含むこと（計測機器等は含まない）
※ECHONET Lite規格においてメーカーに依らず共通に規定される制御（ON/OFF、温度変更等）のみとし、メーカーが独自に規定する

制御(エコ運転モード等)に対応する必要はない。
※接続確認は各社が需要家へ接続保障できるレベルで実施すること(実機での接続確認を行うかは各社判断)
※新基準で交付決定を受けた事業の完了報告時までに対応を行うこと(完了報告時に需要家側に開示した接続可能家電等のリストを添付)

マルチメーカー家電対応例

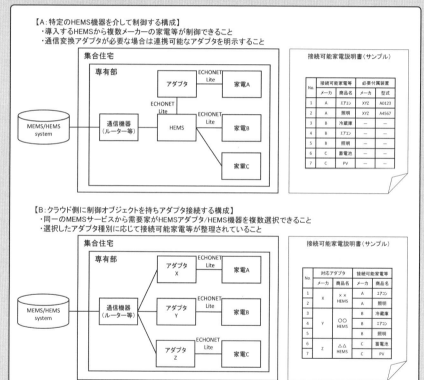

⑦ 補助対象経費

MEMS導入にかかる設備費、工事費が補助対象となります。

1）経費区分

設備費	MEMSアグリゲータが、エネルギー管理支援サービス等を実施するために必要なシステム・機器装置・計測装置等の購入、製造（改修を含む）または据え付け等に要する費用（ただし、補助事業に係る土地の取得および賃借料を除く）
工事費	補助対象システム・機器の導入に不可欠な工事に要する費用

2）補助対象範囲（新築の場合は、共用部設備の分電盤、配電盤は補助対象外となります）

【設備費】

必須	共用部設備	計測機器	電力量センサー、ガス量センサー、水量センサー、温度計、CTセンサー、パルス検出器、分電盤、配電盤 など
		モニター装置	監視用端末 ローカルサーバー など
		制御機器	リレースイッチ、コントローラ、インバータ など

第2章　HOW TO スマートマンション

必須	共用部設備	通信装置	モデムなど
		制御用配管配線および付属品、工事部材 など	
	専有部設備	計測機器	電力量センサー、計測タップ、計測機能付分電盤 など
		表示・通知装置	専用表示端末など
		制御機器	負荷設備制御装置、タップ型機器 など
		通信装置	モデム、ゲートウェイ など
		制御用配管配線および付属品、工事部材 など	
選択	エネルギー管理支援サービス関連設備		提供するサービスに応じた補助対象範囲を個別に決定します。 (例) • 一括高圧受電サービス：高圧受変電設備、スマートメーター など（一括高圧受電サービスの場合、スマートメーターの全戸設置は必須） • ブロードバンドサービス：回線終端装置、ハブ など • 制御用配管配線および付属品、工事部材 など

※スマートメーターは少なくとも「30分積算電力量の測定」と「遠隔検針」機能を有することが必要です。

【工事費】

　労務費、運搬費、試運調整費、仮設費、工事管理費、回線工事、配線工事 など

※MEMSと接続される空調、照明、太陽光発電システム、蓄電池、燃

料電池、EV充電器、給湯器、スマートメーターについては、その計測・制御にかかる設備、工事は補助対象とされます。

【サービス】

新築の集合住宅にMEMSおよびサービスに係る設備を設置する場合、補助事業の実施に関係なく設置される設備および行われる工事については、補助対象となりません。

サービス内容	補助対象の例	補助対象外の例
一括高圧受電	高圧受変電設備、スマートメーター など	線材、分電盤、配線工事 など
ブロードバンド	宅内制御装置を兼ねるゲートウェイ など	線材、ハブ、ルータ、PC、配線工事 など
セキュリティ	宅内制御装置を兼ねる端末、専用見える化端末 など	線材、配線工事 など

※ただし、本来補助対象外とするべき設備や工事であっても、以下のような理由によって補助対象として認める場合があります。必要に応じてSIIに相談するとよいでしょう。

＜例外的に補助対象として認められるケースの例＞

- 本補助金事業および国が行う他の事業の目的に則しており、その導入を促進したい設備
- 工事など他の経費費目を効率化し、結果として補助事業経費を押し下げるなどの効果が期待できる設備
- 他の補助対象設備と不可分であると判断される設備 など

⑧ **補助対象とはならない経費**

以下の経費については、補助対象外となります。

- エネルギー消費機器、創エネ・蓄エネ機器の本体設備
- 外構工事費、および事業に関係のない工事費
- 既存設備およびその解体・撤去に関する経費
- ＳＩＩが補助対象外と判断した機器、設備
- 補助金交付決定が行われる以前に係る経費（事前調査費等）
- 別途国が定める基準を満たさない設備・機器類（電気事業法の規定に基づく自家用電気工作物の基準に適合しない高圧受変電設備、ＨＥＭＳタスクフォースの決定事項に準拠しない制御機器等）
- 諸経費（代理申請手数料、交通費、会議費等）
- 消費税

※補助対象経費に、国からの他の補助金（負担金、利子補給金ならびに補助金適正化法第2条第4項第1号に掲げる給付金および同第2号の掲げる資金を含む）等が含まれる場合、補助対象外となります。

※本補助金事業において補助対象となる各住戸内の制御装置は、平成23年度エネルギー管理システム導入促進事業費補助金（ＨＥＭＳ導入事業）との併用はできない点に注意が必要です。

⑨ **補助率**

補助対象経費の区分に対し、補助率を乗じて得られた額の合計の範囲内で補助されます。

補助対象経費区分	補助率
設備費	1/3以内
工事費	1/3以内

※補助金額は、1円未満を設備費、工事費それぞれで切り捨てた1/3以内の金額を合算したものであり、全体の合計額の1/3以内ではありません。

⑩ 補助金の支払い

| 補助事業の完了 | 補助事業の完了は、MEMSアグリゲータが補助事業者からの補助事業に係る経費の支払いを確認した時点となります（工事の完了ではありません）。 |

| 補助事業の完了報告 | MEMSアグリゲータは、補助事業者の協力を得て完了報告書類を取りまとめ、SIIに完了報告を行います。 |

| 確定検査（現地確認） | SIIは、完了報告を受けて、補助事業が適正に行われているかの確定検査を行います。その過程において、SIIはMEMSアグリゲータを通じて、補助事業者に現地での確認を依頼することがあります。
補助事業者は、SIIの求めに応じて、現地確認に協力する義務があります。 |

| 補助金の請求 | 確定検査を経て補助金額を確定した場合、SIIは補助事業者に対して補助金額確定通知書を発送します。
この通知の中には、補助金額、振込口座を記載した精算払請求書と返信用封筒が同封されています。
補助事業者は、記載内容に誤りがないかを確認の上、捺印を行い、指定された期日までにSIIに返送します。 |

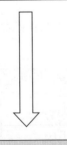

| 補助金の受取り | SIIは、期日までに精算払請求書の提出を受けた場合、おおむね1カ月程度で指定された口座に振込みを行います。
※期日までに精算払請求書が到着しない場合、補助金の支払いは翌月に繰り越されます。 |

⑪ 補助事業期間

　平成27年3月31日までに交付決定が行われます。

　平成28年4月30日までに補助事業を実施・完了（係る経費の精算を含む）し、完了報告を行う必要があります（補助事業の完了報告期限は、補助事業の進捗によって変更する場合があります）。

　なお、交付決定前にＭＥＭＳ導入契約・工事着工を行っている事業は、対象外となります（建物本体の着工は可）。

　また、予算額に達した場合、補助事業期間内であっても事業終了となります。

⑫ 取得財産の管理

　本補助金事業を活用して取得した財産（＝ＭＥＭＳ）は、交付規程第22条において「補助事業者は、補助事業により取得し、又は効用の増加した財産（以下「取得財産等」という。）については、補助事業の完了後においても善良な管理者の注意をもって管理し、補助金の交付の目的に従って、その効率的運用を図らなければならない」と規定されています。そして、5年間を処分制限期間とし、補助事業者自身の社内財産管理台帳の財産名・耐用年数・取得年月日と整合性を図ることとしています。

　また、処分制限期間内に処分をしようとするときは、あらかじめＳＩＩに報告し、その承認を得る必要があり、万が一、未承認のまま財産処分が行われた場合、ＳＩＩは交付決定を取り消し、加算金とともに補助金全額の返還を求められることがありますので注意が必要です。

交付決定通知書

様式第3
（MEMS設置事業者用）

平成　年　月　日

申請者　名　称
　　　　代表者等名

一般社団法人　環境共創イニシアチブ
代表理事　赤池　学　　　印

スマートマンション導入加速化推進事業費補助金（MEMS導入事業）
交付決定通知書

　平成　年　月　日付けで申請があった上記補助金については、スマートマンション導入加速化推進事業費補助金（MEMS導入事業）交付規程第9条第2項の規定に基づき、下記のとおり交付することに決定したので通知します。

記

1. 補助金の交付の対象となる事業及びその内容は、平成　年　月　日付けで申請があったスマートマンション導入加速化推進事業費補助金（MEMS導入事業）交付申請書の補助事業の内容欄記載のとおりとする。

2. 補助事業に要する経費、補助対象経費及び補助金の額は次のとおりとする。
　　補助事業に要する経費　　　　円
　　補助対象経費　　　　　　　　円
　　補助金の額　　　　　　　　　円
　　ただし、補助事業の内容が変更された場合における補助事業に要する経費、補助対象経費及び補助金の額については、別に通知するところによるものとする。

3. 補助対象経費の配分及びこの配分された経費に対応する補助金の額は、次のとおりとする。

経費区分	補助事業に要する経費	補助対象経費	補助金の額
設計費			
設備費			
計測装置費			
工事費			
諸経費			
合計			

4. 交付決定の条件
　　平成27年1月以降に事業完了を予定する補助事業については、本事業期間の延長が行われた場合に限り補助金の交付対象とする。

アグリゲータ番号		申請書番号	

※一般社団法人環境共創イニシアチブが執行するスマートマンション導入加速化推進事業は、経済産業省が定めたスマートマンション導入加速化推進事業費補助金交付要綱第4条に基づき、基金設置法人に交付される国庫補助金から、建築物に一定の要件を満たすエネルギー管理システムを導入しようとする者に交付するものです。

実績報告書

様式第7
(MEMS設置事業者及びMEMSアグリゲータ共通)

平成　　年　　月　　日

一般社団法人　環境共創イニシアチブ
代表理事　赤池　学　　殿

　　　　　　　　　　　住　　　所
　　　　　　　申請者名　称
　　　　　　　　　代　表　者　　　　　　　　　　印

スマートマンション導入加速化推進事業費補助金（MEMS導入事業）
補助事業実績報告書

　平成　　年　　月　　日付け　第　　　　　　　　号をもって交付決定のあった上記補助金に係る補助事業が完了しましたので、スマートマンション導入加速化推進事業費補助金（MEMS導入事業）交付規程第15条第1項の規定に基づき承認を申請します。

記

1．補助事業の名称	
2．サービス名称	
3．交付決定年月日	平成　　年　　月　　日
4．補助事業完了日	平成　　年　　月　　日
5．補助金の交付決定額	円

　（注）補助事業の収支決算については、別紙にて提出すること。

アグリゲータ番号		申請書番号	

（備考）用紙は日本工業規格A4とし、縦位置とする。

※一般社団法人環境共創イニシアチブが執行するスマートマンション導入加速化推進事業は、経済産業省が定めたスマートマンション導入加速化推進事業費補助金交付要綱第4条に基づき、基金設置法人に交付される国庫補助金から、建築物に一定の要件を満たすエネルギー管理システムを導入しようとする者に交付するものです。

補助金申請の流れ

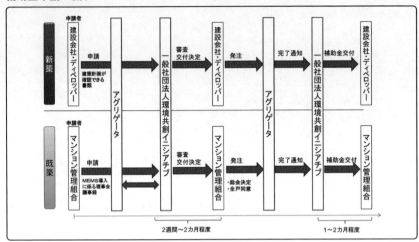

【資料提供】経済産業省

（4）平成 25 年度における交付申請状況

本事業が開始された平成 25 年度における交付申請状況を見てみましょう。まず、交付申請件数、新築物件と既築物件を比較してみると次のようになります。

スマートマンション導入加速化推進事業における交付申請数（平成 26 年 3 月末時点）

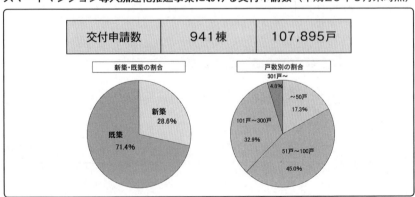

【出典】経済産業省

事業当初は、新築物件の交付申請が多かったのですが、秋〜冬にかけては、ほぼ半分ずつになり、平成26年3月には既築物件が新築物件を上回る交付申請数になっており、着実に既築物件にも広がっていることが読み取れます。また、戸数別では、100戸以下のマンションの交付申請が約60％を占めており、30戸程度のマンションからも、一括受電による交付申請が上がってきています。

次に全国各地での広がりを見てみましょう。

地方別交付申請件数（平成26年3月末時点）

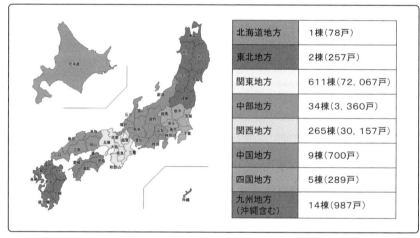

北海道地方	1棟（78戸）
東北地方	2棟（257戸）
関東地方	611棟（72,067戸）
中部地方	34棟（3,360戸）
関西地方	265棟（30,157戸）
中国地方	9棟（700戸）
四国地方	5棟（289戸）
九州地方（沖縄含む）	14棟（987戸）

【出典】経済産業省

交付申請件数は関東地方、関西地方で多くの割合を占めていますが、それ以外の地域でも、地元の不動産業者が標準設備としてMEMSを導入するなど、地方においても徐々にスマートマンションが普及しつつあります。

2．スマートマンション評価制度

　スマートマンション評価制度（以下、単に評価制度といいます）は、「スマートマンション導入加速化推進事業」において認定されたスマートマンションに対して、各物件の取組の先進性を評価するとともに、ブランド化を図り、住まい選びの選択肢の１つとするため、2013年8月から運用が開始された制度です。スマートマンションの設備・サービスを5つの項目に分け、各項目について導入・実施されているかどうかを評価するもので、消費者の理解と認知を高め、普及促進につなげることを目的としてロゴマークを配布しています。

スマートマンションロゴマーク例

　なお、各項目については、第1章（5）を参照してください。

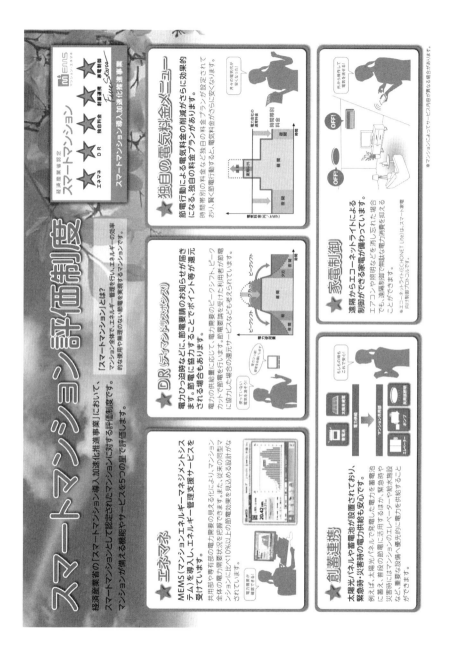

3．MEMSアグリゲータのサービスには
どんなものがあるか

　アグリゲータとは、もともとIT関連の言葉で、アプリケーションやサービスを開発し、それを持っている人（コンテンツホルダー）からコンテンツを集め、それをユーザーに提供する事業者のことをいいます。経済産業省のスマートマンション導入加速化推進事業費補助金交付規程の中では、この補助金の補助対象システム・機器の導入を行おうとする者およびMEMS設置事業者をとりまとめエネルギー利用情報の管理を行おうとする者をMEMSアグリゲータとよんでいます。

MEMSアグリゲータのイメージ

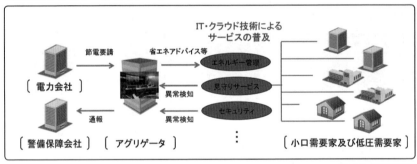

【出典】経済産業省

　なお、補助金事業の業務を委託されている一般社団法人環境共創イニシアチブ（SII）のMEMSアグリゲータの公募要領では、MEMSアグリゲータは、「クラウド等による集中管理システムを保有する事業者で、マンションなどの集合住宅に対してMEMSを導入し、エネルギー管理支援サービスやMEMSから得られる情報を活用する計画的なサービスを通じて10％以上の節電（総量）を目標に事業を行う者として、SIIに登録を受けた者」とされています。

補助金制度は、新規市場の開拓という側面もあり、ＭＥＭＳアグリゲータが大きな役割を担っています。補助金は、ＳＩＩに登録を受けたＭＥＭＳアグリゲータが提供するＭＥＭＳシステム・機器・サービスを導入する際に交付されますし、事業の完了報告もＭＥＭＳアグリゲータが行うものとされています。

　ここでは、ＭＥＭＳアグリゲータが提供するシステムや機器、サービスの内容についてみることにします。ＭＥＭＳアグリゲータが提供する事業内容は、①ＭＥＭＳ（補助対象システム・機器）の導入、設置と②エネルギー管理支援サービスとに大別されます。

（１）ＭＥＭＳ（補助対象システム・機器）

　これにより、電力消費量の見える化、電力負荷設備の制御、電力ひっ迫時の通知などを実現します。

（２）エネルギー管理支援サービス

　電力消費状況の分析、電力消費の効率化の提案などを行います。
　なお、ＭＥＭＳアグリゲータが提供するエネルギー管理支援サービスは、①省エネ・ピークシフトを促進することにより、電力消費量の10％以上（総量）削減を目標としたサービスであること、②電力会社等からの要請に応じて、節電・ピークシフトを促すサービスであることの２つを含むサービスでなければならない、とされています。

（3）付帯サービス

エネルギー管理支援サービスの付帯サービスの主なものとして、①ブロードバンド、②ホームセキュリティサービス、③高圧一括受電サービスがあります。ＭＥＭＳアグリゲータの中には、エネルギー管理支援サービスにこれらの付帯サービスを組み合わせて事業を行うことにより、より発展的なスマート化を図る事業者もいます。

① ブロードバンド

一定時間に多くの情報を伝達できる速度の速いインターネット通信回線と、その回線を利用して、大容量データを活用する様々なサービスをブロードバンドといいます。現在、わが国のブロードバンドでは、ケーブルテレビの回線や電話回線（ＡＤＳＬ）、光ファイバー通信（ＦＴＴＨ）等が利用されています。

ブロードバンドのイメージ

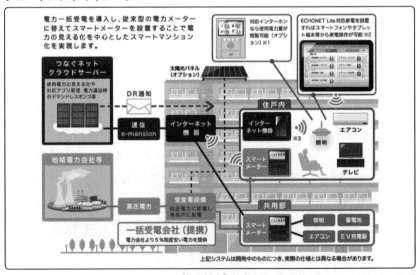

【資料提供】株式会社つなぐネットコミュニケーションズ

ブロードバンドでは、インターネットを常時接続することができます。そこで、ブロードバンドでは、外部のサーバーに蓄えられたデータをどこからでもインターネットを通じてネットワーク経由で情報を引き出したり、様々なプログラムを普段から使い慣れている携帯電話やスマートフォンによって操作することが可能となっています。

　このように、ブロードバンドを利用することにより、多様なエネルギー管理支援サービスが可能となります。

② ホームセキュリティサービス

　ホームセキュリティサービスは、各種センサーを住居や建物の防犯ポイントに配置し、そのセンサーの反応によって、異常を察知し、警備会社に通報するシステムのことです。ホームセキュリティサービスでは、防犯や火災感知、ガス漏れ、などが知られていますが、スマートマンションでは、高齢者の見守りサービスが導入されています。

　高齢者の見守りサービスは、一人暮らしの高齢者の安全を確保したり、安否を確認するサービスです。ガスや水道、電気、テレビなどの利用状況を通知するものや室内に設置したセンサーなどを利用し、離れて暮らしている近親者がパソコンや携帯電話、スマートフォンなどにより状況を確認できるものなど様々な方法が提案されています。

③ 高圧一括受電サービス

　このサービスは、電力契約を入居者ごとの「個別契約」から、管理組合の「高圧電力一括契約」に変更することにより、電気料金を削減する方法として注目されているサービスです。分譲マンションの建物は、各住居部分である専有部（専有部分）と、みんなで利用することが予定されている共用部（共用部分）に分かれます。

マンションの廊下や玄関、階段など住居部分以外の建物の部分や、エレベーター、給排水、駐車場などの各種の設備等が共用部です。そして、通常、共用部への電気の供給は、地域の電力会社と管理組合との契約によりますが、専有部への電気の供給は、地域の電力会社と各居住者との個別の契約がなされています。そして、この個別契約は、一般に電力単価の高い従量電灯（低圧）契約によります。

　これに対して、高圧一括受電サービスは、共用部と専有部への電気の供給を一括して、一括受電業者（配電業者）から購入するシステムです。一括受電業者は、地域の電力会社から、電力単価の安い高圧電力を購入し、これを管理組合に販売することになるため、これまでより電気料金を下げることができます。通常、高圧一括受電サービスでは、専用の設備の設置はもちろん、毎月の検針、請求の管理、電気設備の保守管理など、これまで地域電力会社が担っていた業務は、一括受電業者が担います。この高圧一括受電サービスは、50ｋＷ以上の電力需要がある場合（住戸規模30～50戸以上が大まかな目安です）に利用が可能です。

　高圧一括受電サービスは、専門の事業者（配電業者）のほか、インターネット接続会社やケーブルテレビ会社、マンションのディベロッパー、管理会社など多くの事業者が参入しています。その一定の期間の継続契約を条件に、初期の設備費用を負担する事業者も多くあります。当然、契約料金も異なりますので、一括受電業者の営業スタンスや本業の事業内容、アフターフォローなどよく比較して自分のマンションに適したものを選択することが重要です。

　また、高圧一括受電サービスは、太陽光発電システムと一緒に導入するケースもあります。太陽電池パネルで発電した電力を高圧一括受電で利用する受変電設備や配電設備等を通じて専有部や共用部に供給することにより、電力需要が少ない昼間でもマンション全体で効率よく電気を消費することが可能となります。

高圧一括受電のイメージ

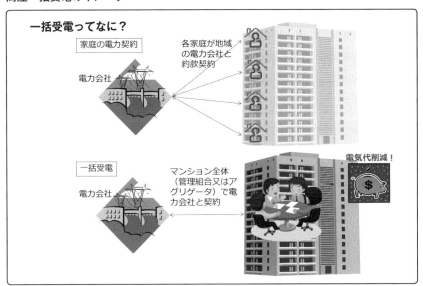

【資料提供】経済産業省

　ところで、2016年からは、電力の小売参入全面自由化がされる予定ですが、電力が小売参入全面自由化されると、各居住者は、小売電気事業者を選ぶことができるようになります。また、高圧一括受電にしておけば、マンション全体で電気料金の交渉ができる、というスケールメリットも期待できます。ただ、これまでの電力会社のサービスは受けられなくなる点に注意が必要です。

　なお、マンション内の手続きとして、高圧一括受電契約には、総会決議が必要ですが、前提として、全ての居住者が現在の電力会社との個別の契約を解除し、原則として、現在の電力会社の設備を撤去する必要がありますから、居住者全員の合意が必須となる点にも留意しておく必要があります。詳しくは、次項を参照してください。

④ **付帯サービスの補助金対象**

サービス	補助対象の例	補助対象外の例
ブロードバンド	宅内制御装置を兼ねるゲートウェイなど	線材、ハブ、ルータ、ＰＣ、配線工事など
ホームセキュリティサービス	宅内制御装置を兼ねる端末、専有部の見える化端末など	線材、配線工事など
高圧一括受電	高圧受変電設備、スマートメーターなど	線材、分電盤、配線工事など

なお、本来補助対象外とするべき設備や工事についても、補助対象と認められる場合がありますので、必要に応じてＳＩＩに相談するとよいでしょう。

第2章 HOW TO スマートマンション

MEMS補助対象システム・機器の機能表

NO	項目		区分	機能
導入拠点における共用部に対する機能要件				
1	電力の計測と見える化	電力消費量	必須	建物全体、共用部全体の電力消費量を測定すること。 ※共用部全体の分岐計測が困難な場合は、全体から専有部合計を差し引いた値を共用部全体とすることも認める
2		発電量、売電量	必須	太陽光発電、燃料電池など発電設備を有する場合、機器種別ごとの発電量と売電量を測定すること。 ※計測できない理由がある場合を除く（自身の保有設備ではない、屋根貸し、全量売電　等）
3		蓄電量、放電量	必須	蓄電設備を有する場合、充電量と放電量を測定すること。 ※非常用など、計測する必要性がない場合を除く
4		計測間隔	必須	計測点それぞれで30分以内の積算電力量を測定すること。
5		見える化	必須	建物全体の30分以内の積算電力量を閲覧できること。 ※WEB経由での表示やエントランス等への表示画面設置でも可 ※計測から表示までの間隔は定義しない
6	接続機器の制御	電力負荷設備	必須	共用部の電力負荷設備（照明・空調等）を導入拠点から離れた場所において、稼働状況を変更できる機能を有すること。（※1）
7		発電、蓄電設備	任意	発電、蓄電設備を有する場合、導入拠点から離れた場所において、稼働状況を変更できる機能を有すること。
8	デマンドの制御	デマンドピークの制御	必須	建物全体の30分積算電力量の目標値の設定ができ、設定された目標値を超える蓋然性が高い場合には、目標値以下に抑制する機能を有すること。
9		デマンドレスポンス	必須	アグリゲータが電力会社等から節電要請を受けた場合、導入拠点から離れた場所において電力使用量を抑制できる機能を有すること。（※1）
導入拠点における専有部に対する機能要件				
10	ECHONET Lite規格への対応	ECHONET Liteの搭載	必須	エコーネットコンソーシアムの認証仕様書に基づきコンソーシアムが指定する制御オブジェクトを搭載すること。 （※3）ECHONET Lite対応のアダプター等による対応でも可とする。（参考資料参照）
11		ECHONET Lite制御可能家電のマルチメーカー対応	必須	需要家向けに提供しているMEMS/HEMSから接続可能家電の一覧を公開していること。 接続可能家電等に2メーカー以上が含まれていること。（参考資料参照）
12	電力の計測と見える化	電力消費量	必須	全戸の各住戸ごとの全体の電力消費量を測定すること。 また、分岐回路単位や認識単位等の電力消費量を追加測定できる拡張性を有すること。（センサー追設可） ※スマートメータとの連携を推奨するが、分電盤等へのセンサー設置でも可とする（高圧一括受電サービスの場合を除く）
13		計測間隔	必須	計測点それぞれで30分以内の積算電力量を測定すること。
14		見える化	必須	各住戸で住戸全体の30分積算電力量を閲覧できること。 ※計測から表示までの間隔は定義しない
15	家電の制御	遠隔制御	必須	ECHONET Lite対応家電が設置された場合、導入拠点から離れた場所において、稼働状況を変更できる機能を有すること。
16		デマンドレスポンス	必須	アグリゲータが電力会社等から節電要請を受けた場合、各戸に電力使用抑制を通知する機能を有すること。 ※メールや見える化端末への通知、ダイナミックプライシング等でも可
アグリゲータのセンターシステムに対する機能要件				
17	見える化	一覧表示	必須	全ての計測点の電力消費量を一覧表示する機能を有すること。
18		部分表示	必須	各住戸など特定の計測点の情報を特定の対象に表示する機能を有すること。
19	デマンドの制御	デマンドレスポンス	必須	電力会社等からの節電要請を受け取り、要請地域の導入拠点に対し必要な通知を行う機能を有すること。
20	データの保存管理	計測データ等の保存	必須	計測データについて、アグリゲータが設置するサーバ上に保存し、閲覧できること。 保存するデータの粒度は、60分以内で1ヶ月以上、1日以内で13ヶ月以上とする。
21		履歴の保存	必須	電力会社等の節電要請に対応した場合、その日時・各拠点における30分ごとの積算電力量を、アグリゲータが設置するサーバ上に13ヶ月以上保存し、閲覧できる機能を有すること。
外部との接続の連携				
22	スマートメータとの連携		必須	スマートメータを設置している場合、そのデータを表示する機能を有すること。（※2）
23	標準プロトコルへの対応		必須	デマンドレスポンス等の標準プロトコルが正式発表された場合、それらの標準プロトコルへの対応が可能であること。 ※ゲートウェイなどの追加設備の設置による拡張性も認める。

※1 共用部の制御を行わず、総量で10%以上の電力消費量削減が見込まれる場合は、共用部の制御を行う必要はない。
※2 電力会社等がスマートメータの情報連携を認め、情報インターフェイス等、連携のための情報を公開していることを前提とする。
※3 新築の集合住宅において、専有部分に太陽光発電システム、蓄電池、燃料電池等の創エネ・蓄エネ機器を設置する場合、設置機器はECHONET Liteによる制御可能な機器とすること。
　　設置機器の詳細な仕様については、エコーネットコンソーシアムの定める手続きによること。

既存マンションへの導入

1．概要

　既存つまり、すでに建築され入居者のいるマンションをスマートマンションにするために設備の導入をすることは、ハードルが高いか低いかと問われれば、高いと考えてよいでしょう。

　様々なライフスタイルや価値観を持つ老若男女が同じ屋根の下で住む既存マンションにとって、合意形成に時間を要することが導入を困難にする主な原因といえます。そのため、ここでは、既存マンションをスマートマンションにするために、管理組合や住民の同意を得る合意形成のプロセスや手続き方法などについて、詳しくみていきます。

　まず導入にあたっては、スマートマンション化しようという発意からはじまります。この発意は、理事である役員や住民からの提案、もしくは、マンションの管理会社やMEMSアグリゲータなどの業者からの提案であることもあるかと思います。なかには、マンションの管理組合や住民のことを一番よく知る、管理会社や管理会社のグループ会社がMEMSアグリゲータに採択されているケースもあります。

　その例として、東急コミュニティー、伊藤忠アーバンコミュニティ、日本ハウズイング、住友不動産建物サービスや、グループ内に管理会社がある長谷工アネシスなどがあげられます。

2．手続き

(1) スマートマンション導入の流れ

① 発意の契機

　この発意のきっかけとしては、東日本大震災による節電意識や電力供給への不安、物価や消費税率の引上げによる電気代の削減があげられます。

スマートマンションを導入するための流れ

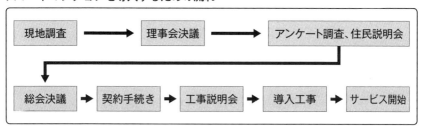

② 現地調査

　改めてスマートマンションを確認すると、マンション全体でエネルギー管理、節電およびピークカットを行い、エネルギーの効率的な使用や無理のない節電を実現するマンションのことをいいます。MEMS（マンションエネルギーマネジメントシステム：全体管理システムとHEMS端末で構成）によって、MEMSアグリゲータと呼ばれる事業者が、エネルギー管理サービスを行うことになります。そのため、このMEMSの導入を検討することになるのですが、そもそも自身が住むまたは所有するマンションにMEMSを導入できるのかどうか、まず電気設備の現地調査をする必要があります。

　この現地調査によって、スマートマンション化するための工事に伴う問題点の把握と、導入の可否について判断がなされます。この現地調査

は、一般的に無料の場合が多いので、導入を検討する場合はまずは、MEMSアグリゲータなどに現地調査を依頼するとよいでしょう。

③ **理事会決議**

　次にこの現地調査の結果を受けて、理事会でよく検討し、決議します。その際に、MEMSアグリゲータから、「導入に係る費用の有無」「概算の割引率の提示」「マンションの状況にあう電気設備設計」「無理のない工事計画」「問題点の説明」「今後の進め方」「導入後の保守管理」など、ソフト面の説明や提案があるかどうかも、よく確認しましょう。

　理事会で検討し、決議がされ、導入に向け準備を進める場合は、住民へのアンケート調査や住民説明会を開催し、多くの住民の理解を得るようにします。

　アンケートをとる際には、現地調査の結果、スマートマンションについてよくわかる資料や理事会での見解（理事会議事録）などを添えるとよいでしょう。アンケートの集計結果は必ず配布や掲示などで公表しましょう。また、その際に出た疑問点については、わからない事があれば必ず、現地調査を実施したMEMSアグリゲータなどに聞き、解消しておきます。

④ **住民説明会**

　次に住民説明会を開催します。「スマートマンション」という言葉をはじめて聞いてイメージが湧かず、疑問を感じる住民も多くいるかと思われるので、わかりやすい説明を心掛けましょう。アンケート調査と住民説明会については、例えば、アンケート提出率や住民説明会への出席率を考慮して、マンションの特色に合わせてそれらを組み合わせたり、住民の理解を深めるうえで、必要に応じて複数回行うなどすれば、総会の決議がスムーズに進むでしょう。

説明会や総会は、なるべく多くの区分所有者（住民）が参加しやすい日時や場所を選び、必要に応じて、理事会・説明会・総会ともにＭＥＭＳアグリゲータなどの業者にも出席してもらい、質疑応答があった場合に疑問が解消できるようにしましょう。また、欠席した区分所有者（住民）にも、資料や質疑応答などの内容を記録した議事録などを配布することを忘れずに行います。

　なお、現地調査、アンケート調査、住民説明会の開催日時、総会の開催日時などは、あらかじめ計画性を持って、スマートマンション導入の流れを検討するとよいでしょう。

　ただし、まだ合意形成が不十分だと感じる場合は、無理に通常総会に諮るのではなく、このシステムは一度導入すると長い付き合いになるということを念頭に、多くの合意が得られる状態まで準備し、臨時総会を開催するなどして総会に諮りましょう。そして、総会の議案として導入の承認が得られれば、スマートマンション化することに決定です。総会手続きの具体的内容については、後ほど説明します。

⑤ 契約手続き

　管理組合（理事会）は、この総会への上程の承認を受けて、スマートマンションの設備を導入するＭＥＭＳアグリゲータなどと契約手続きを行い、必要に応じて、工事説明会を開催した後に導入工事を実施し、スマートマンションのサービスが開始されるという流れになるわけです。このように、いくつかの段階を経るため、既存マンションへの導入は、合意形成のハードルが高いといわれています。

　なお、ここでいう「マンション」とは分譲マンションのことです。一方で、賃貸マンションは、マンション全体がオーナーの所有であることから、法律上は、オーナーの一存でスマートマンション化を決めることができます。

（2）導入のための合意形成のポイント

　既存マンションにおいて、すでにスマートマンション化もしくはその検討をしている場合をみると、導入にあたっては、MEMSのみを単体で導入や検討をしているというよりは、他のある取組との組み合わせにより合意形成を諮りやすくしている傾向が見受けられます。
　具体的には、「蓄電池」「高圧一括受電設備」の導入があげられます。それぞれの内容は第1章（5）で説明していますので省略し、ここでは、高圧一括受電の導入時の注意点のみ確認していきます。
　高圧一括受電を導入すると電気料金単価が大幅に安価になります。それは、導入にかかる設備費、工事費、保守運営費などの維持費がかかるうえ、さらに基本料が上がるにもかかわらず、従来の電灯契約と比較すると専有部で約5％、共用部では20〜40％前後も節約できるとされています。それだけでなく、MEMSと高圧一括受電を同時に導入することで、補助金がもらえるのでそれを活用し、MEMSサービスの契約期間中はイニシャルコスト、ランニングコストともに無料提供が可能になるため、MEMSと組み合わせて導入を検討するマンションが多いため、合意形成が諮りやすくなっているといえます。つまり、高圧一括受電の導入は、スマートマンション化への第一歩とも考えられるでしょう。

（3）「高圧一括受電設備」導入時の注意点

　「高圧一括受電」を導入する際には次の点に注意が必要です。
- 高圧受変電設備の設置には、ある程度のスペースが必要であり、設置できるかどうか専門業者による調査が必要
- オール電化マンションには導入できない。

- 高圧一括受電方式の導入には、総会の特別決議での承認が必要
- 高圧受変電設備の設置のほかに、現在、各戸が電力会社と締結している契約の「廃止申込書」の全戸分を電力会社に提出する。
- 「廃止申込書」が１戸でもそろわなければ、高圧一括受電方式の導入はできない。
- 契約期間中に、各戸が個別に電力会社への契約変更を行うことが必要
- 契約期間の確認。一般的には１０年契約が多く、ＭＥＭＳを導入すると５年契約
- 契約期間内の解約は、解約金が発生することが多い。
- 切替工事は、敷地内の電力会社の設備を撤去し、専門業者が新たに設備設置をするため、１～２時間程度の全館停電が発生する。
- 専門業者の技術・信用・経営力などの把握が必要
- 保安規程に基づき、１年～３年ごとに一度、設備の精密点検が必要。その際、１時間程度の全館停電が発生する。

（４）総会手続き

　既存のマンションで「ＭＥＭＳ」「蓄電池」「高圧一括受電設備」を導入するためには、原則として、総会の特別決議（区分所有者および議決権の各４分の３以上）による意思決定が必要です。加えて、「高圧一括受電設備」の導入の場合は、全戸分の「廃止申込書」が必要になります。たった１戸でも廃止申込書がそろわない場合は、導入できないので注意が必要です。

① 区分所有法の関連規定

　分譲マンションなどの区分所有建物の権利関係については、「区分所有法（建物の区分所有等に関する法律）」に規定があります。マンションのスマート化は、共用部分（共用部）への設備機器の設置を伴います。

　そこで、以下では、マンションの共用部分の所有関係および管理関係に関する規定について説明します。

区分所有法
（1）共用部分の共有関係　11条・27条
（2）共用部分の所有者

　共用部分の所有者は、以下のとおりとなります。

共用部分	原則	例外
（全体）共用部分	区分所有者全員の共有に属する。	規約により、次の者を所有者とすることができる。 ・一部の区分所有者 ・管理者
一部共用部分	共用すべき一部の区分所有者の共有に属する。	規約により、次の者を所有者とすることができる。 ・区分所有者全員 ・一部の区分所有者 ・管理者

（3）共用部分の持分の処分　15条

　共有者の持分は、その有する専有部分の処分に従うことになります。例えば、専有部分を売買した場合、これに伴って共用部分の持分も売買されます。

　また、共有者は、区分所有法に別段の定めがある場合を除いて、その有する専有部分と共用部分の持分を分離して持分を処分することができ

ません。例えば、共用部分の持分のみを売買等することは原則としてできません。

（4）一部共用部分の管理　16条
　一部共用部分の管理は、以下のとおりとなります。

区分所有者全員の利害に関係する場合	区分所有者全員で管理する。
規約により区分所有者全員で一部共用部分の管理を行うとしている場合	
上記以外の場合	一部共用部分の区分所有者で管理する。

（5）共用部分の管理　17条・18条
　共用部分の管理は、以下の方法で行います。

行為	内容	方法
保存行為	物の滅失・損傷を防止し、その現状を維持するための行為	各共有者が単独で行うことができる。
	（例）廊下や階段等の清掃、損壊した部分の簡易的な補修	
管理行為	保存行為・変更行為以外の管理に関する行為	原則：普通決議[*1]による。
	（例）管理費や駐車場の賃料の値上げ、廊下や階段に夜間灯を設置、管理委託契約の締結	例外：規約による定めによる。

変更行為	その形状または効用の著しい変更を伴わない変更行為（軽微変更）	原則：普通決議*1による。 例外：規約による定めによる。
	（例）マンションの大規模修繕	
	その形状または効用の著しい変更を伴う変更行為（重大変更）	原則：特別決議*2 例外：区分所有者の定数は、規約でその過半数まで減じることができる。
	（例）階段室をエレベーター室に改造、車庫の設置	

＊1 区分所有者および議決権の各過半数による決議
＊2 区分所有者および議決権の各4分の3以上による決議

　つまり、一言にスマートマンション化するといっても、MEMSの導入だけではなく、個々の管理組合の状況に合わせて、どのような機器を組み合わせるかによって形状や効用は変わるでしょう。
　その形状または効用の著しい変更を伴わない変更行為の程度によって、軽微であれば普通決議、重大であれば特別決議となります。
　なお、共用部分の変更（軽微変更および重大変更）が専有部分の使用に特別の影響を及ぼすべきときは、その専有部分の所有者の承諾を得なければなりません。
　例えば、共用部分を変更するための工事によって、特定の専有部分への出入りが不自由になったり、日照や通風に影響が生じる場合などは、その専有部分の所有者の承諾を得なければならないということです。

第2章　HOW TO スマートマンション

既築マンションへの導入を決定するために必要な総会決議は？

総会（集会）

法律

建物の区分所有等に関する法律

第十七条1項（共用部分の変更）

共用部分の変更（その形状又は効用の著しい変更を伴わないものを除く。）は、区分所有者及び議決権の各四分の三以上の多数による集会の決議で決する。ただし、この区分所有者の定数は、規約でその過半数まで減ずることができる。

軽微変更　　　　　　　　　　　　重大変更

普通決議　　　　　　　　　　**特別決議**

過半数以上　　　　　　　　　**3／4以上**

87

② マンション標準管理規約の関連規定

　分譲マンション内の意思決定の手続きについては、「マンション標準管理規約」が参考になります。「マンション標準管理規約」は、分譲マンションの標準的な管理規約のひながたとして国土交通省が策定したものですから、これに沿って手続きを進めれば、法律上は問題ない、といえます。以下では、「マンション標準管理規約（単棟型）」の規定を参照に総会手続きの概要について説明します。

（6）総会　42条
① 管理組合の総会は、総組合員で組織されます。
② 総会には、通常総会と臨時総会とがあります。

通常総会	毎年1回定例的に開催される総会
臨時総会	必要に応じて理事会の決議を経て開催される総会

③ 総会の議長は、理事長が務めます。
　通常総会もしくは、臨時総会の議案に諮りましょう。

（7）総会の招集手続　43条
① 総会を招集するには、会議の日時、場所および目的を示して、組合員に通知を発しなければなりません。
　この通知の期間は、次のとおりとなります。

通常時	会議を開く日の2週間前
緊急時	理事長が理事会の承認を得れば、5日まで短縮できる

② 総会の招集通知は、管理組合に対し組合員が届出をした宛先に発しますが、通知の宛先を届け出ていない組合員に対しては、対象物件（マンションの建物）内の専有部分の所在地宛に発します。

③ 総会の招集通知は、以下の者に対しては、通知の内容を所定の掲示場所に掲示して、招集通知に代えることができます。

- 対象物件内に居住する組合員
- 招集通知の届出のない組合員

(8) 組合員の総会招集権　44条

① 組合員が組合員総数の5分の1以上および議決権総数の5分の1以上に当たる組合員の同意を得て、会議の目的を示して総会の招集を請求した場合には、理事長は、2週間以内にその請求があった日から4週間以内の日を会日とする臨時総会の招集の通知を発しなければなりません。

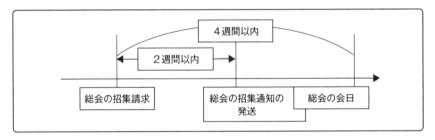

② 理事長がこの通知を発しない場合には、総会の招集請求をした組合員が、臨時総会を招集することができます。

(9) 総会の出席資格　45条・同コメント

総会に出席することができる者は、以下の者となります。

- 組合員
- 理事会が必要と認めた者※
- 会議の目的につき利害関係を有する専有部分の占有者

※「理事会が必要と認めた者」とは、マンション管理業者、マンション管理士、アグリゲータなどをいいます。

マンションの資産価値を上げるために

（1）マンションの資産価値とは

　2020年の「東京オリンピック」開催決定が報道された直後から、開催地の近くや空港・新幹線など日本の窓口となる都心や湾岸エリアを中心に、土地やマンションの価格が急激に上昇しています。

　そもそもマンションの購入は、一昔前までは、一戸建てを建てるまでの仮住まいというイメージもありましたが、近年では、終の棲家として購入する人や立地条件などに応じ投資対象として購入する人も多くなりました。マンションを単なる住まいとしてだけでなく、「資産」として捉える傾向が強くなっているためと考えられるでしょう。

　このマンションの「資産価値」はどう評価されているのでしょうか。まず、わかりやすいところでは、転売した際の価格、「再販価値」があり、次に賃貸した際の賃料、「収益性」があげられるでしょう。

　つまり、いかに「高く売れ」「高く貸せるか」がポイントであり、「このマンションに住みたい」「このマンションを買いたい」と思う人が多く、住まいとしてのニーズが多ければ、それだけ資産価値が高いといえるでしょう。

　裏を返せば、価格が高くても、順番待ちをしてでも、特定のマンションが欲しいといったニーズがあるということは、売手・貸手にとって有利な条件となり、結果として資産価値が落ちないといえるわけです。

（2）資産価値の将来性とは

　次のポイントは、資産価値が将来に向かってどうなっていくかです。どれだけ頑丈なマンションといえども、経年とともに劣化していきます。また、経年劣化の状況はマンションによって様々ですが、一方で性能は確実に陳腐化していきます。維持保全や管理しない状況で無限に使用し続けることは、まずできないと考えてよいでしょう。

　そして、外的要因として考慮しなければならないものとして、日本の人口減少があげられます。現在の日本の人口は、約1億2,000万人ですが、約30年後には、1億人を割り込む可能性があるといわれています。

　マンションを含む住宅は、マーケティングの要素が働きにくいといわれています。それは、たとえ需要と供給のバランスが大幅に崩れたとしても、デベロッパーやゼネコンという職業が健全に働いている限り、新築マンションが1棟も建設されないという年はあり得ないからです。

　つまり、人口は減少するが、住宅は増え続ける、となれば、住宅本来の所有者が住むという住宅ニーズは大幅に低下します。現状でも交通・生活インフラが整うなど、立地や利便性が高い街ほど住宅ニーズが高いのが一般的で、今後は過疎化する地域や空室だらけのマンションがさらに増えることが想定されます。

　また、震災の教訓から、帰宅困難などのアクシデントに備えて"職住近接"のニーズも格段に高まっています。

　こうした傾向を踏まえて、立地以外にも付加価値があるほうが"資産価値が落ちにくい"といえるでしょう。

　一生で一番大きな買い物ともいわれるマンション。個々の住宅へのニーズは、多種多様なライフスタイルや価値観から様々ではありますが、今後のマンションは、"選ばれるマンションになること"が重要です。

環境性や経済性の向上とともに資産価値を上げる、つまり、資産価値を下げない努力として、マンションスマート化の導入を検討するのも1つの方法といえるでしょう。

（3）導入に適したマンションの戸数規模

　「スマートマンション導入加速化推進事業」における補助金の交付申請は、既築マンションからのものが7割を超えています。既築マンションへの導入は、新築マンションの場合と比較して、住民の同意を得るための合意形成が難しいと考えられていましたが、ここにきて、既築マンションへの導入が、着実に進んでいます。

新築・既築の割合

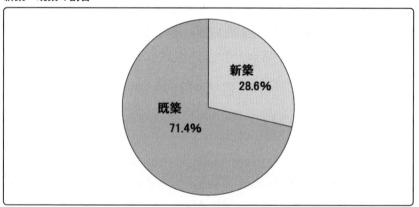

【出典】経済産業省

　交付申請しているマンションの規模をみると、全体の約62.3％が100戸以下であり、そのうちスケールメリットが得られにくいと考えられる、30戸以下の小規模マンションにおいても高圧一括受電による申請件数が増えています。

戸数別の割合

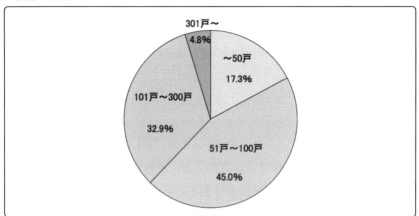

【出典】経済産業省

（4）マンションの平均棟数や戸数

　一般社団法人マンション管理業協会が、マンションストックに占める協会会員管理会社の管理受託状況を把握するために毎年実施している「平成26年マンション管理受託動向調査結果」によると、1組合あたりの平均棟数は、1.20棟（前年1.21棟）、1組合あたりの平均戸数は、61.59戸（前年61.61戸）、単棟あたりの平均戸数は51.32戸（前年51.09戸）となっています。

　建物の形態別でみると、単棟型物件は、戸数比で全体の83.3％（前年82.2％）を占め、同一敷地に建物が2棟以上存する団地型物件は戸数比で、16.7％（前年17.8％）です。

　また、建物の用途別では、住居専用型物件が戸数比で全体の83.8％（前年84.1％）、複合用途型物件は16.2％（前年15.9％）となっています。さらに、管理組合の規模別では、1管理組合における総戸数が100戸未満である物件が戸数比で全体の58.3％（前年58.3％）となっています。

つまり、マンションのスマート化を考える際、スケールメリットの観点から、大型物件でしか導入できないし、またメリットがないと考えられがちですが、実際には、日本における一般的なマンション戸数（100戸未満）からの補助金の交付申請が多いということがわかります。このことから、規模の大小にかかわらず、導入の検討に値するということがおわかりいただけるかと思います。

　なお、平成26年マンション管理受託動向調査結果は、マンション管理業協会の会員管理会社の受託物件、89,390管理組合、107,289棟、5,505,549戸を対象にした調査をまとめたものです。

（5）既存マンションにおける管理会社の役割と可能性

　MEMSアグリゲータに採択されている管理会社を中心にマンション住民や管理組合にスマート化の提案が進められています。例えば、伊藤忠アーバンコミュニティは、2013年6月にスマート化推進室を早々に立ち上げ、自社管理物件に提案をしています。同じく野村不動産パートナーズでも、2014年9月にエネルギーマネジメント推進部を新設し、順次、自社管理物件に提案しています（P.128参照）。

　また、大京アステージでは、「見える化」の工夫として、より快適に楽しく節電行動を行えるよう、省エネ度を独自の解析で偏差値付けをしています。今後は、この偏差値から、エアコンの効率が落ちていると判断される場合は、クリーニングサービスや、より省エネに効果があると思われるエアコン機種の紹介のほか、健康・美容をテーマにしたサービスなども検討されています。

　このように管理会社では、単なるMEMSの導入だけではなく、個々のマンションの状況にあわせ、どのような機器を組み合わせるのがよい

かを検討しながら、管理組合やオーナーに提案しているということが多いようです。

その際に、様々なライフスタイルを送る老若男女の誰しもがわかるような、わかりやすい説明や提案をすることは、管理会社としての役割であり、使命であるといえるでしょう。

また居住者間のコミュニティ形成の支援ツールとしての模索や、マンションの資産価値の維持向上策として、現顧客への管理サービスの一環やサービス向上の手段と捉えている管理会社も多いことでしょう。

当初、管理会社やアグリゲータは、情報提供というきっかけ作りしかできません。実際にＭＥＭＳ導入による効果を高め、スマートマンション化の効果を最大限発揮するためには、利用する居住者（消費者）の声を聞き、管理会社やアグリゲータ、そしてデベロッパーなどが一丸となり、いかに創意工夫するかがキーポイントになりそうです。

（6）スマートマンションの導入で暮らしは変わるのか

スマートマンションでは、ＭＥＭＳ・ＨＥＭＳデータを分析して様々なサービスの提供が可能といわれています。たんに電気料金の削減（節電行動）につながるだけでなく、以下のような生活利便性を向上する様々なサービスの展開が想定されています。

① 電力系サービス
- 共用部分、専有部分の電力使用の見える化
- 節電によって、割引率があがる電気料金体系
- ＭＥＭＳと蓄電池、太陽光発電の連携により災害時等の電力確保をはかり停電等を回避

② 生活系サービス
- ホームセキュリティで侵入者を検知
- 高齢者の生活パターンを分析し、異常を検知し知らせる見守り
- 生活に有益となるクーポンや情報等の提供

（7）マンション建替え円滑化法の改正

　2014年6月に「マンションの建替えの円滑化等に関する法律（以下「円滑化法」という）」の改正が成立し、2014年12月24日から改正円滑化法の運用が開始されています。

　全国のマンションストック戸数は、約601万戸です。この10年で1.5倍に増大し、マンション居住人口は1,480万人に達しています。そのうち、築30年超である旧耐震基準のマンションは、2013年時点で106万戸、2016年には173万戸にのぼると推測され、築40年超は、2013年時点で32万戸、2023年には129万戸とされています（国土交通省発表）。

　一般的にマンションは、10年〜12年を周期として大規模修繕工事などの改修を実施し、3回目の大規模修繕を迎える頃からは、「建替え」も視野に入れて、検討を開始します。そのため、今後10年で、建替えに直面するマンションが急激に増加することが見込まれています。

　実際に現在までのマンション建替え実績は183件（約14,000戸）にとどまっており、この背景としては、合意形成の難しさ、専門家の不足、2002年に建替えを促進するために制定された円滑化法が現場の実態をふまえていなかったために機能せず、建替えに成功したのは「容積率に余裕がある」「開発業者が買い取って建て替えた」などの事例にとどまったことが指摘されています。

しかし、近い将来懸念される大地震のため、マンションの耐震化が喫緊の課題となり、2014年6月に円滑化法の再改正が成立し（2014年12月24日から施行）、従来の建替えよりも合意形成を容易にする「敷地売却制度の創設」（区分所有者全員の合意がなくても、4／5以上の合意で敷地を一括売却できるようになる）と、耐震性が不足するマンションの建替えの際に戸数を増やせる「容積率の緩和特例」が認められるようになりました。今後、マンションの建替えが大幅に促進されることが期待されています。

　そのため大規模修繕のタイミングのみならず、これからの10年は、急激に増えるマンションの建替え時にも、スマートマンション化の導入がスタンダードになるかもしれません。

第3章 導入が進むスマートマンション

「スマートマンション」や「省エネ」に取り組んでいるのは、実際にはどのようなマンションなのでしょうか。新築マンションに導入するデベロッパー、既存マンションに導入提案をする管理会社、省エネに取り組む管理組合といった様々な立場の人たちの思いやきっかけを、インタビュー形式でご紹介いたします。

Interview

経済産業省「スマート評価制度」の「☆☆☆☆☆（5スター）」評価を獲得！

三井不動産レジデンシャル株式会社
市場開発部 商品企画グループ 兼
総務部　環境推進室
主査　町田　俊介 氏

　日本初、HEMSや大型蓄電池によるマンション全体のエネルギーマネジメントシステムと居住者へのインセンティブ還元を組み合わせた次世代マンション「パークタワー西新宿エムズポート」。
　居住者へのメリットやスマートマンション評価制度獲得の意識などについて、三井不動産レジデンシャル（株）の町田俊介氏にお話をうかがいました。

――本物件は、あらゆる面でモデル性の高いマンションだとお聞きしたのですが。

　はい。当マンションは、地下鉄丸ノ内線「西新宿」駅徒歩4分、JR山手線他「新宿」駅徒歩13分にある好立地のマンションというだけでなく、1,100年以上の歴史がある成子天神社の本殿・社殿の建替え、参道・富士塚の整備などを一体的に行う「成子天神社再整備計画」の一角として、神社境内に建つ定期借地権付（土地所有者：成子天神社、借地期間：約70年）のタワーマンションとして開発されました。

――神社境内に定期借地権付マンションがあるというのは、極めて珍しいですね。

そうですね。こうした事業形態は、弊社の手掛ける物件としては、第2号になります。第1号は2010年竣工のパークコート神楽坂（新宿区）の「赤城神社再生プロジェクト」です。

神社との一体開発であるため、参道を進み鳥居をくぐると緑の中に建物が見える、という風情を大切に、神社の既存の樹木と新たな植樹の調和、神社と建物に同じ石材を用いるなど、連続性と自然豊かで四季を感じられる上質なデザインを演出しています。

共用部も格子といった和のモチーフで趣を演出しながら、洋のテイストも加味し、和洋を融合した繊細な空間構成になっています。

伝統を重んじながら先進性に富んでいるのは、機能面でも同じで、経済産業省「スマートマンション評価制度」において最高評価を取得し、電力を最適に使える暮らしを提供する、土地にも建物にも新たな価値を加えた、都心暮らしを満喫できる住まいといえます。

パークタワー西新宿エムズポート外観

エントランスホール

――経済産業省のスマートマンション評価制度で評価を受けた点や、その他の特徴も教えてください。

　当マンションは、分譲マンション初となるデマンドレスポンスの仕組みを採用しています。また、「HEMS」を活用したスマート化マンションとして、経済産業省のスマートマンション評価制度の「☆☆☆☆☆（5スター）」を獲得しています。

　東日本大震災以降、エネルギー問題への関心が高まっていますが、このエネルギーの課題を解決すべく、共用部分と専有部分にエネルギーマネジメントシステムなどを導入しています。具体的にいうと、マンション全体のエネルギーマネジメントシステム（MEMS）と各住戸のエネルギーマネジメントシステム（HEMS）を導入し、これらが連携することにより、共用部分に設置した大型蓄電池（約90kWh）の充放電制御や各住戸のエアコン設定温度の制御をするなど、電力需給のピーク情報に応じたデマンドレスポンスなどを行います。

つまり、マンション全体の電力を管理するという最新のエネルギーマネジメントシステムの導入によって、マンション内のエネルギー制御・最適化を図るわけです。後述の居住者へのインセンティブ還元を含めて、これらを組み合わせたシステムの導入は分譲マンションとして初となり、経済産業省のスマートマンション評価制度「☆☆☆☆☆」も獲得いたしました。

――居住者のメリットとしてはどのようなことが想定されていますか。
　マンション全体で状況に応じた電力の自動制御によるエネルギーマネジメントを行うことによって、より高度なスマート化の実現が見込まれ、居住者メリットを生み出すとともに、サステナブルな住まいと暮らしの実現が可能になると思います。

エネルギーマネジメントシステム概念図

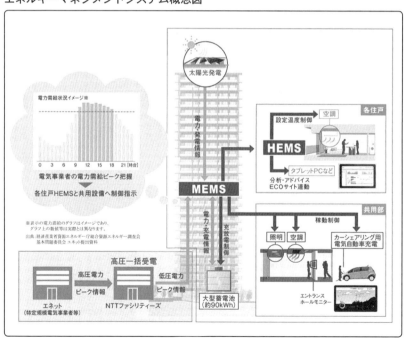

このようにエネルギーマネジメントシステムを導入することで生み出される居住者メリットとしては、以下の3つが考えられます。

1） 電力一括受電と太陽光発電の活用、デマンドレスポンスによるインセンティブの還元により電気料金の削減に寄与

電力事業者である（株）ＮＴＴファシリティーズから高圧電力の一括受電サービスを受けることによって、家庭用の低圧電力の契約より、5％程度安価な料金で電力を利用することができます。

また、太陽光発電を共用部電力に活用することにより、購入電力をより抑制することもできます。

また、MEMSを通じて各住戸に送られてくる翌日の電力需給のピーク予想情報に基づき、電気事業者からのピーク時の節電依頼に応じて、MEMS・HEMSが設備機器を自動制御します。また、さらに居住者が自らの節電アクションで削減した電力量に応じて、翌月以降の電気料金に利用可能なポイントが還元されます。これは、各住戸が削減した分は各居住者に、共用部で削減した分は管理組合に還元されるという仕組みです。

つまり、スマート化されたマンションでは、高圧一括受電や太陽光発電、デマンドレスポンスによるインセンティブの還元などで、光熱

一括受電概念図

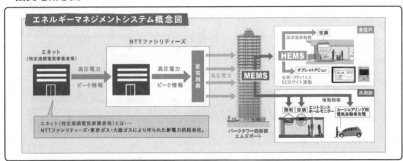

104

費のコストが低くなるというメリットがあります。

2）MEMSとHEMSの連携、デマンドレスポンスにより効率的な電力ピークカットを実現

　まず、共用部分では太陽光発電システムや大型蓄電池を設置し、東芝が提供するMEMSによりマンション全体の電力使用状況を管理します。電力需給ピーク予想情報に応じて、共用設備の大型蓄電池の充放電、照明の点灯、空調の運転設定、電気自動車（EV）充電器などを自動制御します。それと同時に各住戸のHEMSへ制御指示も行い、マンション全体のエネルギー管理・最適化を行います。共用部の電力使用量、太陽光発電量、大型蓄電池の蓄電量などの電力使用状況は、エントランスホールに設置したモニターにて「見える化」します。

MEMSモニター画面

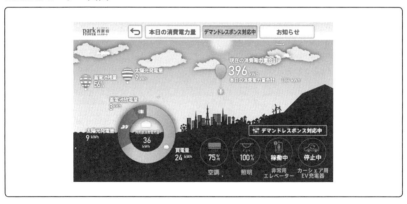

　各住戸には、（株）東芝製のHEMSの「フェミニティ」とタブレット型端末を標準装備し、MEMSからの指令により、ピークカット要請時には、エアコン温度の自動調節などが自宅でも行われます。
　このため、リビングのエアコンについては事前に何度の温度設定までなら協力できるかを居住者に決めてもらい、ピーク時には自動的に

その温度まで制御されることになります。それ以外の機器では、前日に電力需給がピークになる時間帯のお知らせが住戸内インターホンに表示されるので、自主的にその時間帯の使用を控えてもらう方式です。

また、タブレット型端末にて系統ごとの電気使用量の目標設定、達成状況など詳細な電力使用状況を「見える化」することで、居住者の自発的な省エネアクションの促進を図っています。

共用部分の電力使用状況はモニターで"見える化"し、専有部分の電力使用状況は、各住戸に配布するタブレット型端末のほか、パソコンやスマートフォン、住戸内インターホンなどでも見ることができ、各部屋ごとに確認することも可能です。この他にもHEMSにより効率的な家電の利用方法や、設定した省エネ目標の達成ペースをアドバイスするなど、単なる"見える化"だけでなく効率的なエネルギー利用方法の"分かる化"を目指しています。

HEMSモニター画面

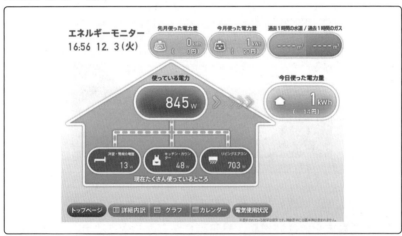

3）停電時におけるMEMSによる電力制御、大型蓄電池・太陽光発電・非常用発電機による電源の複層化

万が一の停電時などにも電力を必要箇所へ供給できるように、ＭＥＭＳがマンション全体の電力を制御します。停電時は、非常用発電機が稼働し、災害対策の拠点となる２階のライブラリーラウンジの電源確保や保安灯の点灯、非常用エレベーターの稼働を行います。また、給排水ポンプの稼働により上下水道の使用が可能です。ただし、災害により配管・配線などのインフラが破損した場合は使用できないことがあります。

非常時の電気経路概念図

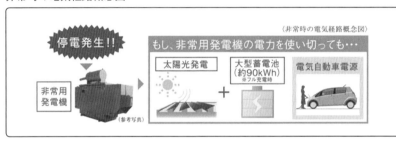

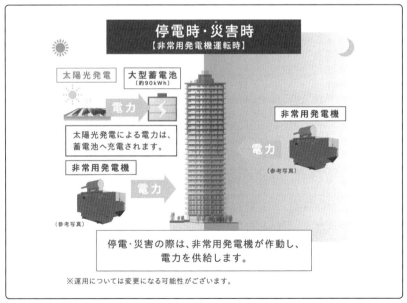

停電時・災害時・非常用発電機運転時

また、非常用発電機の燃料を使いきった際は、ＭＥＭＳによって太陽光発電システムや大型蓄電池、電気自動車の蓄電池電源を活用。非常用エレベーターや非常用コンセントなどが稼働します。連続運転時間は、利用状況によりますが、各機器を稼働させた場合、約16時間の運転が可能です。

屋上に設けた太陽光発電パネルで、年間約１万kWhを発電し、共用部で使う電力の一部を

太陽光発電パネル

大型蓄電池

まかなうほか、停電時にも備えます。

さらに、マンション内には「防災備蓄倉庫」が設けられており、災害時の非常用食料や飲料水、非常用トイレ、救助器具なども用意されています。

約90kWhの大型蓄電池は、太陽光発電や電力会社から得た電力を蓄電します。電力のピークシフトや停電時には、共用部の非常用電力として利用できます。

当マンションでは、「MEMS」と「HEMS」によるエネルギーマネジメントのほか、太陽光発電による日中のピークカット、各住戸および共用部へのLED照明導入、遮熱・断熱性能に優れたエコガラス（Low-Eガラス）の導入、電気自動車カーシェアリング、入居後の節電意識を高めるため、エコ活動を応援する当社の入居者向けの独自サイト「すまいのECOチャレンジ」など、複合的な環境対策も実施しています。

　近年のマンションは建物の断熱性アップや遮熱性の高いエコガラスの採用など省エネ化が進んでおり、床暖房やエアコンの効率も高まっているため、2000年当時の標準仕様に比べると、今の最先端マンションは3割前後のCO_2排出量が削減されている計算です。

「すまいのECOチャレンジ」サイト

各住戸に配られるHEMS用のタブレット

――御社で本物件より前にMEMSやHEMSを搭載した分譲マンションはありましたか。

　同様のMEMSやHEMSを搭載した分譲マンションは、当社としては「パークホームズ大倉山」に次いで2物件目になります。環境や防災への関心とともに、物件によって、今後も採用を検討していくことになるかと思います。

――入居がはじまり、1年以上経ちますが、実際の居住者の方の反応はいかがですか。

　使用電力量が部屋や家電ごとに表示されたり、グラフやカレンダー形式で表示されたりするなど、詳しい見える化に対して、「省エネ意識が変わった」「節電がしやすい」などの声をいただいています。反面、「使い方がわからない」などの声もあるため、丁寧な説明やメーカーと協力してわかりやすい画面設計などが求められます。

――今後の展望や、これからマンションのスマート化に取り組む皆さんにメッセージをお願いします。

今後、スマートマンションは、居住者の皆様が積極的に活用することによって、様々な拡張性があるかと思います。ただし、本来は、ITで行わなくても済むものにまで無理にあてはめる必要はないと思いますし、設備などのハードだけでは限界があるので、ソフト面の施策を組み合わせて、居住者の皆様がサステナブルなライフスタイルへ転換していくサポートをすることが重要です。
　また、既存のマンションでのスマート化については、注目を浴びる電気料金、省エネ、停電時などの災害対策などの切り口をきっかけとして、一括受電サービス、太陽光発電、蓄電池、廊下照明等のLED化などとともに検討を開始されるのかもしれません。いずれにしても、管理組合での十分な議論と合意形成が重要だと思います。

――ありがとうございました。

パークタワー西新宿エムズポート
　東京・西新宿の成子天神社の境内に建つ70年定期借地権付タワーマンション。総戸数179戸。地上27階、地下2階。

1,100年以上の歴史を持ち、学問の神様といわれる菅原道真公を祀ったのが始まりだといわれている「成子天神社」再生プロジェクトの一環として、境内の一角に誕生した、経済産業省認定スマートマンション。

　神社の境内で自然を感じながら、土地にも建物にも新たな価値を加えた、都心暮らしを満喫できる住まいです。

パークタワー西新宿エムズポート
共用部と専有部のエネルギーマネジメントシステムを実現！

〈特徴〉
- 電力一括受電と太陽光発電の活用、デマンドレスポンスのインセンティブ還元により電気料金の削減に寄与
- MEMSとHEMS連携、電力需給ピーク予想情報に応じたデマンドレスポンスにより効率的な電力ピークカットを実現
- 停電時におけるMEMSによる電力制御と、大型蓄電池・太陽光発電・非常用発電機・電気自動車の蓄電池利用による電源の複層化

〈共用部分〉
- 電力需給ピーク情報やマンション全体の電力需要情報に応じて共用設備（大型蓄電池（約90kWh）、電気自動車充電器、照明、空調）の自動制御を実施
- 共用部の電力使用量、太陽光発電量、大型蓄電池の蓄電量などの状況を共用部に設置したモニターにて「見える化」

- 停電時はＭＥＭＳにより大型蓄電池の自動制御、太陽光発電（約10kW）と、非常用発電機を監視制御

＜専有部分＞
- ＭＥＭＳからの指令による、各住戸内エアコンの設定温度自動制御
- 家電や部屋ごとの電力使用状況の「見える化」
- 家電等の効率利用、省エネ目標設定と目標達成ペースなど各種アドバイスの実施
- デマンドレスポンス要請の告知情報

Interview

エネルギーから作られるコミュニティ
～森のシティ街づくり協議会～

野村不動産株式会社
住宅事業本部　商品開発部
曽田　朋恵 氏

　"未来のふるさと"をテーマに空間やエネルギーを有効活用し、最新のスマートグリッド、パッシブデザインを実現する「プラウド船橋」──。事業主としてはじめて、マンション内のみならず、マンション外のコミュニティが成長できる支援を実施、いつまでも愛される新たな街づくりを目指す、野村不動産（株）の曽田朋恵氏にお話をうかがいました。

──まず、「プラウド船橋」マンションの特徴などをお聞かせください。

　当マンションは、5つの街区から成り立つ、全1,497戸のマンションです。2013年3月下旬に「プラウド船橋一・二街区」が入居を開始、同年4月には、「イオンタウン新船橋」がオープンし、同年5月には「船橋総合病院」が開設され本格的に街開きされました。
　もともとこの場所は工場で、工場の従業員の方が多かった地域ですが、購入者の以前の住まいは船橋の方が約4割、市川や津田沼、千葉

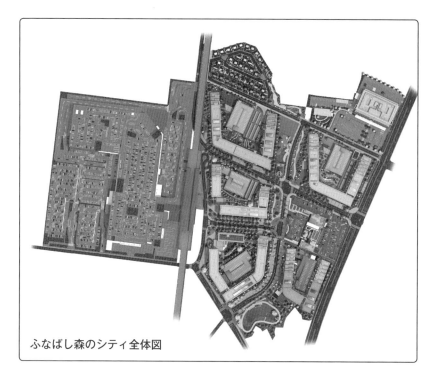

ふなばし森のシティ全体図

など付近の方が4割以上、東京都内の方が約1割と、移動されてきた方が多いです。

　この一帯を「ふなばし森のシティ」と命名し、主な構成として5棟のマンションのほか、戸建街区、イオンタウン新船橋、船橋総合病院からなる街づくりを計画しました。戸建街区は42街区あり、太陽光パネルやＥＶ充電器が取り付けられ、全スマートハウス仕様の省エネ住宅になっています。この戸建てに住むには条件があります。街の緑化計画のひとつとして、それぞれの家に「グリーン憲章の木」が2〜3本植わっており、それらを維持する必要があります。当然ながら、その木を切ることなどはしてはいけません。

　また、「イオンタウン新船橋」の屋上は、全体が「ガーデンファーム」という、お客様専用のレンタル菜園になっています。緑を取り入

れることで街のコミュニティ活動にもつながっています。

——なぜ、スマートマンションに取り組み、「プラウド船橋」をつくることになったのかを教えてください。

　当マンションの計画は、2010年からありましたが、東日本大震災をきっかけに「エネルギー」「コミュニティ」というテーマに拍車がかかりました。街全体で連携したエネルギーの有効活用に本格的に踏み込むことになり、国土交通省の補助事業（住宅・建築物省CO_2先導事業）に申請し採択されました。同じ「ふなばし森のシティ」の中にある「イオンタウン新船橋」も、「プラウド船橋」が採択された翌年度の住宅・建築物省CO_2先導事業に採択されています。

　そして、もとは重工業地域だったため、マンション建設の際にはいくつかの規制（高さや容積）を緩和してもらいました。その代わり、行政から壁面後退といって道幅を拡げて解放感のある街にすることや、病院やスーパーを誘致して利便性を上げることなどの条件が付加されました。

——マンションのコミュニティ形成の支援で、街づくりまでは聞いたことがないのですが。

　そうですね。今まで事業主が支援するマンションのコミュニティというと、マンションの中でのコミュニティ形成支援をイメージされると思うのですが、マンション外のコミュニティ形成の支援まで事業主が取り組むのは初めてのことです。

　その最初の取組として、2011年9月に「船橋チャリティフェスティバル」を開催し、約4,000人に来場していただいたところから、地域とのつながりづくりがはじまりました。

――また「プラウド船橋」には、核となる３つのテーマがあるとお聞きしたのですが。

　１つ目は、「スマートグリッド」といい、先進的な設備・仕様ということで、機械やディバイスの方面でスマートを作ること。

　２つ目は「パッシブデザイン」といい、自然を上手に効率よく利用した環境共生の仕組みで、エネルギーの利用量を低減していこうという工夫。

　３つ目は、先ほどから出ている「コミュニティ」で、とても重要視しています。

　やはり街ですから、コミュニティというものをしっかり根付かせてよい街をつくる、これによって、街の各所を持続的に成長させていこうということを意識しています。

――「スマートグリッド」は、スマート化には欠かせません。ここでは、「パッシブデザイン」について、具体的に教えてください。

　街全体における微気候の形成としては、土地柄、東京湾からの風を取り入れて、ぬけるように作られています。この微気候というのは、街全体の気候というより、エリアエリアの特徴にあった緑や環境で、小さな気候を享受し、うまく利用して街づくりをしていこうという考え方をいいます。南からの海風を取り入れるような街地形成や、周りに大きな木を植えて熱を吸収し、水の島を作り伝導率が高い日射を吸収するなどという仕組みを作ることで、街全体のヒートダウンをしています。マンション棟に入りエントランスから見える中庭にも、緑と水を使用することで冷気を作る仕組みを取り入れています。

――「コミュニティ」について、具体的に教えてください。

　先ほども言ったように、事業主が街のコミュニティ形成にまで取り

組むのは異例なことです。このマンションや街の特徴でもありますが、サスティナブル（持続可能）なコミュニティを育み、スマートシェア・タウン構想を形づくるため、森のシティの住民と企業・団体などの皆さんで協働し、一体となったより魅力的で住みよい街づくりを行うための交流の場として、「森のシティ街づくり協議会（タウンミーティング）」を2013年2月に設立しました。

協議会メンバーは、マンション住民だけではなく、こちらに立地している企業や団体全員で、それぞれ代表者を出して街づくりをしていこうということを仕掛けています。また、近くに日本大学船橋校舎があるご縁で、大学の先生にもご協力いただいています。

設立に先駆けては、当社と三菱商事で入居予定の皆さんや近隣の企業の方に「一緒に街づくりしましょう！」と声をかけていったのですが、このような仕組みは事業主という立場で声をかけるとどうしても商業目的と思われ、「売りたいことが目的なんでしょ」という印象で受けとられてしまいます。

近隣の企業の方からもクレームを受け付ける場になるのではと心配され、そうではなく、「私たちはいつかいなくなるので、皆さんで街を良くしてほしい」「マンションや商業だけでなく、皆さんで街全体を良くしていってほしい」というお話を何度もし続け、ようやくできた協議会です。

会費は、法人は月額2万円で、個人は1世帯あたり月額100円です。個人は、マンションと戸建ての住民ですが、自治的な会ですから、強制参加にはできません。管理組合のような区分所有法に基づく組織と違うので、あくまでも任意参加です。管理費のほかに月額100円のお金を集めるのは心配な点でありましたが、マンションの販売から入居までの間に一軒一軒に何度も「こういう会を作りたい」という説明をして、9割以上の人に趣旨に賛同いただき入会いただいています。

戸建てに関しては、戸建自治会として、団体加入いただいています。

　この会合は代表者の方に出ていただいて月に1回ペースです。各街区と戸建自治会の方で6人、法人の代表の方も含めると約10人で開催しています。「街を活性化する」というテーマをもとにまず1年目は、街の中のコミュニティを図る活動から始めており、お祭りや催し物、パーティーをやろうという意見がよく出ます。

　実績として、2013年8月に「夏祭り」をやりましたが、イオンが協力してくれて、いろいろな屋台を持ってきてくれたり、病院は無料の健康診断を開いてくれたりと盛り上がりました。

　また9月には、実践版キッザニアとでもいいましょうか、団体会員のイオンモール船橋、京葉銀行新船橋支店の協力を得て、「お仕事体験会」を行いました。京葉銀行やイオンモールの中で子供たちが1日店員体験をして、楽しんで帰っていきました。実はこの企画は企業のほうから「やりましょうよ」と言ってくれました。ですから、いま街づくりがだんだん盛り上がってきているところです。この近所付き合いを、マンション内だけでなく、もっと広範囲に広げていくイメージです。

「お仕事体験会」の様子

　その他にも「街びらきフェスタ・隣人祭り」といい、入居者の方全員やショッピングモールなどの企業の方にも来ていただいて、入居者と企業の方が一緒にご飯を食べるイベントを開催し、200人以上が計2回も集まりました。

　あと、夏至の日に「この街全体の電気を使わないようにしよう」ということで「キャンドルナイト」イベントを行いました。みんなでキャンドルを作って、イオンタウン・イオンモールにも極力電気を落としていただきました。

また、「クリーンアップ大作戦」では、企業の方にも出てきていただいて、ゴミ拾いと草むしりをする日を月に1回設けています。「みんなで街を良くしていこう！」という意識を向上する目的です。

　その他にも「森のシティ・グリーンカーテンプロジェクト」という運動を行っています。バルコニーにグリーンカーテンを育成していただくと、日光を遮断することができます。ただ、「是非やってください」と言うだけでは実行していただけないので、「実行することによってこのような楽しみや効果があります」という説明や、住民の方々が「我が家ではこんな物を作っています」という意見交換ができるようなコミュニティを仕掛けたところ、これが功を奏し、2013年8月現在、573世帯のうち273世帯で育成中です。

　さらに、マンション内だけでなく、苗を地元の皆さまに無料配付したことで、町内会や自治会にも広がり、この取組は、2013年にグッドデザイン賞を受賞いたしました。

　あと、千葉県成田市に（株）和郷の運営する「ザファーム」という農場をお借りしていて、月1回、苗植えやじゃがいもなどの収穫、バーベキューなども行っています。このようにグリーンカーテンや緑を通じて、マンション全体と地元の方との連携をはかりながら、ハード・ソフト、緑や環境を全て繋げた街づくりをしていこうと思っています。

　このようなイベント活動に加え、誰しもに共通する「安心・安全な街づくり」は最も重要なテーマです。防災訓練や防災活動といった非常時対応というのは、マンション

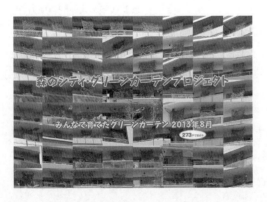

のみでなく街全体でやることが必須といえます。そのため、2年目である今年3月には、「コミュニティ活性化」と「安心・安全な街づくり」をマンションだけでなく街全体でやることを目的に防災訓練を実施しました。3年目以降は、開かれた街づくりとして、周囲の皆さんと防災などのテーマを通じて話し合う開かれた活動を計画しています。

——本当にここまで、事業主であるディベロッパーがコミュニティ形成に取り組んでいるケースは珍しいですね。最初だけイベントのお手伝いするというケースはあるかと思うのですが。

　そうですね。事業主である、三菱商事株式会社と当社は、組織外の事務局活動や資金支援などの運営サポートを2016年3月まで行う予定です。商業施設だけやマンション内だけで進めているケースはあるかと思います。ただし、住民も含めかつ街全体でというのはなかなかできないことですよね。というのも、そもそも利害が違うんですから。例えば、イオンモールでは、住民はお客様ですので、「住民と同じ場に出るとクレームなどを受けることになってしまうのではないか」という懸念があり、なかなか人が出てくれませんでした。船橋総合病院でも「救急車などの音について、文句を言われるのではないか」ということをとても懸念されているようでした。

　ですが、当社から何度も通って「街づくりというのは単体でやっても意味がない」「街全体で作っていくから価値がある」「逆に逃げることで、お客様との壁が広がる一方なのではないか」「その代わりの条件として、代表者全員が全会一致しないことは、実行しません」という説明をしました。

　例えば、イベントの場合でも、「代表者全員が実行に賛成しないとやりません」、という条件をつけたのです。多数決ですと、マンション代表者のほうが人数が多く、結果が見えてしまうためです。

これを条件に承諾していただいたのです。代表者の誰か1人でも反対するなら、その意見をおしきってまで行う街づくりは必要ないのではないかという考えです。この議決権の定義を考えるのがもっとも苦労をしましたし、当初これでは、物事が決まらず進まないのではと心配もしましたが、現在までうまく運営できています。

――どのような方が、**各街区の代表者**をされているのでしょうか。
　各街区のマンションの代表者は、管理組合の理事とは別に「街づくり協議会の各街区代表者」として立候補によって決めています。
　あくまでも任意団体ですから、規約上の役職ではないので、管理規約には入れ込んでいません。管理組合の総会にお邪魔して、「このような組織が立ち上がりました、1人代表者を出してください」というお願いをしています。自身が参加することに躊躇される方も「このような活動をしていること自体が、街全体の価値になるから」ということで「自分は積極的に参加するわけではないが、マンションとしては是非やってほしい」と賛同している方も結構いらっしゃいます。ご賛同いただいていない方は、活動の様子を見てから参加するかどうか検討したいとお考えの方や、単身の方、その時点では興味がなかった方が多かったように感じています。
　会費収入は、年間200万円くらいですので、その資金内でできることをやっています。この会費は、私たちのサポートがなくなる4年目以降にも持続できるよう、事前に行いたいことを把握し、それに伴う人経費などから逆算して設定した金額です。皆さん、時が経つにつれ、「良い取組だな」と実感されているようです。

――このような取組を通して、ご近所の方の家族状況や背景がわかると、多少のトラブルがあっても「しょうがないな」と思えますものね。

そもそも、トラブルが減るという効果が高まっていますね。顔見知りになると挨拶もでき、お店の店長さんとも顔見知りになり、買い物も頻繁に行きやすくなるといった相乗効果も出ています。

――その他、特徴的なシステムや取組があれば、教えてください。

① シェアサイクル用のバッテリーと宅配ロッカーを活用した「モバイル型の非常用電源」

電動自転車のシェアサイクリングと宅配ロッカーに関して、非常時対応に役立つ、大変ニッチかつ画期的なサービスをご紹介します。EVの充電もそうでしたが、シェアサイクルのバッテリーは、太陽光を利用して充電し、通常時はレンタサイクルに付けています。非常時は、バッテリーの下にカセットがあるので、そこから電源が取り出せるようになっており、非常用電源として使用できる仕組みです。

つまり、シェアサイクル用のバッテリーが宅配ロッカーのシステムを利用して、お部屋にも移動可能なモバイル型の非常用電源（乾電池）代わりになるということです。

――限られたスペースを有効活用した、画期的なシステムですね。

そうですね。ありがとうございます。このバッテリー単体でグッドデザイン賞を受賞しています。通常、蓄電池は1台しかなく、使おうと思っても順番にしか使えないのですが、このバッテリーは、1棟ごとに40～50台ありますので、緊急時、例えば、携帯電話などの充電、パソコンなどの電源として使うことができ、少量電源ですがとても役立つと思います。

使用は予約システムになっており、パソコンで自転車を予約すると、予約番号が出てきます。この番号を宅配ロッカーに入力すると、ロッ

カーの扉が空き、鍵とバッテリーがでてきます。このバッテリーをカセットにはめこむと、非常時に電源として使えます。また、宅配ロッカー自体にも、蓄電池が内蔵されており、太陽光発電システムと接続されています。

　宅配ロッカーのメニュー画面には、iPadが使用されています。そのため、停電時もマンションへの通信回線が遮断されなければこのiPadを利用して、情報収集などに使うことができるんですよ。さらに、宅配ロッカー上部の使わないスペースも有効活用できればと思い、宅配ボックス・宅配ロッカーメーカーの「フルタイムシステム」と相談し、防災グッズがたくさん入っています。

宅配ロッカーのモバイル電源

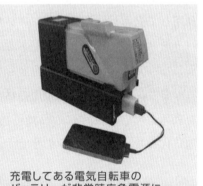

充電してある電気自転車のバッテリーが非常時応急電源に

──エネルギーの有効活用とIT技術を駆使し、各社の知恵が集結した、至れりつくせりのサービスですね。その他にもありますか。

② スマート街路灯
　街路灯の一部が、電力線通信によって、照明の点灯・消灯ができる仕組みになっています。

――なぜ、スマート街路灯なのでしょうか。詳しく教えてください。

まず、街路灯の灯具にはＬＥＤランプを使用しています。また通常、街路灯というのはそれぞれが独立しているのですが、こちらのスマート街路灯は、電源ケーブルを使用して通信も一緒に行うＰＬＣ（電力線通信）という仕組みを使うことで、インターネット上のサーバーから全ての街路灯を監視制御しています。

この仕組みによって、点灯時間や明るさの制御や故障監視を行うことができ、例えば、季節に合わせて点灯時間を変えて省エネを図ったり、灯具が故障したときにすぐに対応することが可能になります。一般的に街路灯というのは、町内会、自治体、国などと管理が分かれていて、例えば、街路灯のランプが消えているときに、市に連絡しても「その街路灯の管轄はうちではありません」というケースもあります。

また、街路灯が故障しているかどうかは、人が巡視して点検するので、管理コストもかかります。また、照明が切れて住民の方から連絡が来て、その都度、街路灯の電球を交換していると、電球交換などのコストも高くなりがちです。

これに対しスマート街路灯だと、ＰＬＣ（電力線通信）により、サーバーで管理しているので、それぞれの点灯時間も把握できます。

そのため、1本の照明が切れて電球交換を行う場合でも、点灯時間が近くランプの寿命を迎えている周囲の照明器具をまとめて電球交換することにより、電球交換のコストを抑制することも可能です。照明器具の場合、ランプごとにおおよその寿命が決まっていますので、ランプが切れる時期を推測することも可能です。

さらに、ＬＥＤは調光制御も可能ですので、例えば、深夜などはサーバー側から照度を落として省エネを図ることも可能です。

――この仕組みは、マンションを超えて、全国で活用されそうですね。

そうですね。ヨーロッパだと、行政単位で管理され、行政コストの低減や省エネにもつながっているそうです。「ふなばし森のシティ」で導入されているスマート街路灯は、約30本のため、コスト低減や省エネ効果は小さいかもしれませんが、街路灯は日本全国では1,000万本以上あるといわれていますので、このような取組が日本全体に広がれば、社会コストの低減にもつながるかと思います。

③ タウンシェアリングバス

駅や小学校などを往復しています。小学校が少し遠いので、このバスを使って小学校に通学することが可能です。

④ EVタウンセキュリティ

街を巡回するEVのパトロールカーです。夜になると、街を巡回警備しています。

敷地内パトロールカー
（EV自動車「i-MiEV」採用）

⑤ 掲示板（デジタルサイネージ）

各街区・クラブハウスのエントランス部分に設置されている大画面掲示板のことです。FNJのシステムを利用して個人情報をサーバーに読み取り、こちらの画面に接続されています。太陽光発電状況や、「今、どこがエネルギーを効率よく使っているか」のランキングも表示し、「エネルギーの見える化」がされています。

それだけではなく、「街づくり協議会」メンバーの船橋総合病院の情報やイオンの特売情報も見られます。中にはマンション限定で特別セールを開催してくださることもあるんですよ。催物をしたり、より

良い街づくりを一緒にしていると実感できますね。

――ありがとうございました。

Interview

エネルギーマネジメント推進部を新設!
既存マンション向け電力サービス
「スマートマンション化」へ提案強化

野村不動産パートナーズ株式会社
エネルギーマネジメント推進部
副部長　石塚　真太郎 氏

　野村不動産(株)は、「プラウド船橋」などのスマートマンション事業に、積極的に取り組んでいます。こうした動きに対応するため、同社のビルやマンションを管理する野村不動産パートナーズ(株)は、2014年9月1日電力サービスを提供する「エネルギーマネジメント推進部」を新設しました。その狙いや既存マンションへのメリットについて、同社の石塚真太郎氏にお話をうかがいました。

――野村不動産パートナーズについて教えてください。

　当社は、これまでオフィスビルをはじめ教育施設やデータセンターなど多様な用途での施設管理のほか、プロパティマネジメントやオフィスビルの修繕工事などの事業を展開していた「野村ビルマネジメント株式会社」と、同じく野村不動産グループで、野村不動産が供給するプラウドシリーズを中心としたマンション管理のほか、プロパティマネジメントなどの事業を展開していた「野村リビングサポート

株式会社」が合併し、2014年4月1日に誕生しました。

——合併したことで、マンションにお住まいの方により多くのサービス提供が可能になったのではないでしょうか。

　そうですね。母体となった2社にはもともと、電気系の技術者はもちろん、一級建築士や一級施工管理技士、マンション維持修繕技術者なども多く在籍しておりました。

　そんな2社が合併したことによって、大規模修繕工事の提案力があがりましたし、ビル部門の豊富な電気技術者とオペレーションノウハウをベースに高圧一括受電サービスに事業者として参入することができました。

——マンション高圧一括受電サービス事業へ参入を決めた背景には、どのようなことがあったのでしょうか。

　東日本大震災以降、恒常的な電力不足や相次ぐ電気料金の値上げといった背景もあり、マンション高圧一括受電サービスは、マンションにおける節電や電気料金の削減を実現するサービスとして、年々認知度が向上しています。

　地域電力会社と入居者による個別の電力契約を見直し、マンション全体で一括して受電することにより、低圧契約から高圧契約に変更しより安い単価で電力をお届けできる仕組みです。

　近年のマンション管理組合を取り巻く環境は、電気料金の値上げのほか、空き駐車場の増加や消費増税等を背景に厳しさを増しています。そのため、エネルギー利用効率の向上に向けた社会的ニーズへの対応と合わせ、管理組合収支の改善や、管理サービスの向上にもつながります。

――導入を検討するマンションの費用負担や条件などがあれば、教えてください。

　費用負担は、受変電設備の設置費用や切替工事費用は全て当社の負担で行い、各住戸にはスマートメーターの設置を標準規格とし、住民の皆様には初期費用のご負担なく電気料金の削減とスマートマンション化の実現ができるよう工夫をしています。

　当社が管理する50戸以上の受変電設備の設置が可能なマンションを対象に管理組合への提案営業を順次開始しています。

――実際に提案を受けた管理組合の反応はいかがですか。

　前向きな反応が多いです。

　先ほども申し上げましたが、今回のマンション一括受電サービスの参入の目的の一つに、電気料金の低減により、悪化している管理組合会計収支の改善を図る、というのがあります。お客様に喜んでいただけるご提案ができるよう、私たちも努力しています。

　また、導入に際しては、全戸の同意が必要になりますので、導入手続きについてのご質問も多くいただいています。導入までには総会の決議を経る必要がありますが、当社であれば管理組合の運営サポートができますから、その意味でも、ご安心いただけると思います。

――管理組合としては、初期費用なく導入でき、居住者の皆さんは、安い単価で電力を使用できるという、メリットがあるんですね。

　そのとおりです。

――今後の展望をお聞かせください。

　2016年の小口電力の自由化を見据え、「お客様と共に栄える」をモットーに広く普及促進していきます。

野村不動産グループとしての力を発揮し、エネルギー事業領域参入とスマートマンション化の推進、付加価値の向上により一層努めてまいります。

――ありがとうございました。

プラウド船橋

　野村不動産（株）と三菱商事（株）の２社が「スマートシェア・タウン構想」という継続的環境価値を創出する街づくり構想のもとに取り組んだ、新船橋駅東地区再開発事業「ふなばし森のシティ」内のマンション。５街区から成り立つ総戸数1,497戸。地上10階、地下１階。

Interview

震災体験から防災視点でスマート化！
～津波一時避難施設でもある、ミニ発電所マンション～

ダイアパレスライブシティ船橋管理組合
理事長　石渡　憲治 氏

　ダイアパレスライブシティ船橋管理組合は、初めての大規模修繕で、太陽光発電・蓄電池・ＬＥＤ照明・ソーラー式外灯を導入しました。太陽光発電の設置では、屋上防水への配慮や売電時の課税負担にも工夫を凝らしています。マンションの省エネ化に至った背景にある思いや合意形成の秘訣について、管理組合理事長の石渡憲治氏にお話をうかがいました。

――屋上に555枚にもなる、太陽光発電パネルを設置されたとお聞きしたのですが。
　はい。3棟の屋上には、合計555枚の太陽光発電パネルが敷き詰められています。

――設置するきっかけは何だったんでしょうか。合意形成はスムーズでしたか。

　東日本大震災での被害と電気料金の値上げがきっかけです。当時、ちょうど検討をしていた大規模修繕工事で取り組むテーマになりました。外壁改修等を含む総額約4億5,000万円の大規模修繕工事で、昨年2013年12月に無事に完了しました。この内訳ですが、総工事費の約25％に当たる約1億円を太陽光発電、蓄電池、ソーラー式外灯、廊下照明等のＬＥＤ化の省エネ工事にあてました。
　大規模修繕工事への合意形成はスムーズでした。それは、東日本大震災で、液状化等の被害に遭ったことや、東京電力の電気代が値上がりしたことによって、今後も続くであろう電気代の値上げへの対処をするため、防災と省エネに強いマンションにしようという意向が一致していたためだと思います。

――設置にあたって気をつけた点などはありますか。
　太陽光発電パネルの設置の検討にあたっては、10数年周期で行う屋上の防水工事との兼ね合いを配慮しました。

太陽光発電設備を設置しても屋上防水工事の際に双方に支障をきたすようでは、せっかくの設置が台無しであるため、太陽光発電設備に合う防水工法を探し検討をしました。
　その結果、約30年の耐久性を持つとされる、ドイツ製の合成ゴムであるノボタン防水シートを活用する工法を見つけ採用しました。ドイツでは50年の実績を持つ製品で、水蒸気の透過性能にも優れ、脱気筒も不要で伸縮するため、地震にも強く、太陽光発電向きの防水工法です。
　この屋上防水と太陽光発電設備の施工は、（株）ＳＵＮ・ＲＯＯＦテクノロジーズが担当し、30年の保証付きです。マンションは千葉港の運河から、数百メートル先という立地から海風が強いので、飛ばされない丈夫な施工が選定基準でした。

――その他の設備はいかがですか。

　蓄電池の系統は、各階3箇所に設けたコンセントへ連結し、災害時の夜間に対応可能になっています。また外灯は、日中ソーラーパネルで充電し日没後は自動点灯するので、停電の心配がありません。震災での計画停電などを通じて、灯りがない暮らしは不安で、気持ちまで暗くすると体験しましたので。さらに共用廊下等の電球は、ＬＥＤ化を進めました。

――売電にあたって、収支計画や税金対策はいかがですか。

　屋上の大規模な発電システムは、全量買取制度を選びました。太陽光発電パネルの発電容量は、約136ｋＷｈ（キロワットアワー）です。想定される年間発電量は、最大約14万2,672ｋＷｈになります。買取価格は、2012年度の10ｋＷ以上40円を適用すると、設置1年目の売電金額は約570万円以上を想定していました。

この導入に伴う費用（設備・工事費）は、約6,876万円ですので、経年に伴って低減する発電量を考慮して、15年目から黒字化される計算です。売電は、収支事業として税務申告する義務がありますが、申告にあたって地元の税務署に相談しました。その結果、管理組合が帳簿を備え、適正な会計を行うことを前提に青色申告法人の承認を受けました。そして、欠損金の繰越控除制度を活用することで、最大で9年間欠損を繰り越せます。

　つまり、設備のリースはリース会社が10年間、所有と維持管理をする形態とし、費用は管理組合が一括で支払い済みですが、それを10年分割払いのリース料として設定します。年間のリース料は、売電料を上回り、毎事業年度の損金が益金を超えるため、法人税も支払う必要がない、という仕組みです。

――よく考えられた税金対策への工夫ですね。地元の税務署との相談はすぐに結論がでましたか。

　税務署とは1年以上も議論をしました。そもそも売電による、収益獲得が目的ではないこと。震災で電気がない体験をしたことで、廊下に出れば灯りがある生活で安心感を得たかった。そのための設備です。防災や省エネという目的意識が高いにもかかわらず、課税負担増になったら、本末転倒ですからね。

――設置から約1年経過しますが、実際の効果はいかがですか。

　8年で計算して、設置1年目の売電金額は約570万円以上を想定していましたが、7月の1カ月間だけで70万円の効果が出ています。経年に伴って発電量が低減することも考慮しなければいけませんし、お天気も関係してきますが、現時点では順調といえる効果を実感しています。

また、共用廊下等の電球のLED化で、共用部分の年間電気代は、約280万円から約140万円と大幅に削減されました。

――津波一時避難施設でもあるとお聞きしていますが。
　被災体験を経て、2012年7月にマンションの管理組合としては珍しい、「津波時における一時避難施設としての使用に関する協定」を市と締結しています。津波警報が発令された際に、マンションの3階以上の共用廊下等の共用部分を一時避難施設として、最大2,000人を受け入れ可能として開放します。建物はオートロックですが、非常階段等は外部から入ることが可能な構造のため、実現しました。

――その他には、どのような津波一時避難施設があるのですか。
　沿岸部の周辺住民や、ふなばし三番瀬海浜公園の来園者などの緊急避難先としては、市庁舎、小学校などの公共施設のほかに、例えば、三井ショッピングパークららぽーとTOKYO-BAYなどの民間施設も、協定によって津波一時避難施設として指定されています。

――マンションに居住者以外の方が入ってくることに不安はありませんか。

　この付近で、高層建物はマンションしかなく、災害を体験したからこそ、自分たちができること、何が必要かよくわかっていますので。それに協定では、万が一、避難者が施設や設備を損傷した場合は、船橋市に原状回復義務があり、避難者の事故では管理組合の使用者責任はないと明記されています。

　また、地域住民とは、町会を通した老人クラブやボランティア活動への参加のほか、マンションでは、毎年「ライブシティ祭り」と題したお祭りを開催し、地域住民にも開放しています。焼きそばや焼き鳥、地域特産では、ホンビノス貝を焼いたものが人気ですし、パターゴルフやくじ引きなどのゲームも実施しています。さらに震災後には、地域住民と一緒に道路の泥片付けやイベントを通して、交流があります。

――なるほど。このようなマンション内の取り組みや、地域住民との交流が合意形成や津波一時避難施設の協定へとつながるわけですね。

　そうですね。日々のコミュニティから生まれた相互の信頼関係が、居住者の一致団結と地域住民との協力関係を得たのだと思います。

――今後の展望や、これからマンションのスマート化に取り組む皆さんにメッセージをお願いします。

　私たちのマンションは、省エネ工事として、太陽光発電、蓄電池、ソーラー式外灯、廊下照明等のＬＥＤ化に取り組んできましたが、設置の際、それぞれの設備については詳しくても、トータルでアドバイスできる専門家がいないことにとても驚きました。例えば、太陽光発電設備の設置のとき、屋上防水との兼ね合いについてがいい例だと思います。

また中には、技術力がない業者もいるので、業者の選定は慎重に行ってください。既存マンションに関しては、売電目的というよりは、いざという時に役に立つという安心感がスマート化への合意形成をよりスムーズにするかと思います。

——ありがとうございました。

ダイアパレスライブシティ船橋管理組合
　築17年、312戸の千葉県船橋市にあるマンション。震災体験や東京電力の電気料の値上げをきっかけに、省エネなどマンションのスマート化をテーマに大規模修繕に取り組む。大型の太陽光発電設備を備えるなどミニ発電所マンションです。またマンションは、千葉港の運河から、数百メートル先に立地し、海は身近な存在であり、津波避難ビルとしての役割も担っています。

ダイアパレスライブシティ船橋
大規模修繕における省エネ工事

　太陽光発電設備の導入等、既築マンションでは導入が難しいといわれている省エネ化も、共通する目的があれば実現可能です！

―第1回目の大規模修繕工事で取り組んだ、省エネ工事―
（2013年12月完了）

太陽光発電
- 3棟の屋上にパネル合計555枚を設置
  （システム容量は、約136kWh）
  （年間最大発電量は、約14万2,672kWh）

蓄電池
- 3棟にパネル各8枚を設置
  （システム容量は、約6kWh）

ＬＥＤ照明
- 共用廊下等にある、160箇所の照明をＬＥＤ化
  ソーラー式外灯
- エントランスや平置き駐車場周辺に9個設置

　外壁の改修等を含んだ、大規模修繕工事の総額は、約4億5,000万円。そのうち、約1億円は太陽光発電、蓄電池、廊下照明等のＬＥＤ化、ソーラー式外灯といった省エネ工事に使用しました。

Interview

電気代削減がきっかけ！
エコな省エネマンション

西京極大門ハイツ管理組合法人
理事長　佐藤　芳雄 氏

　マンション管理組合として初めて、環境保全運動を表彰する「京都環境賞」を受賞した西京極大門ハイツは、高圧一括受電・ＬＥＤ電灯・太陽光発電の導入など、エコ意識が高いマンションです。活動の背景にある思いや合意形成の秘訣などについて、管理組合法人理事長の佐藤芳雄氏にお話をうかがいました。

――マンション管理組合として初めて、「京都環境賞」を受賞されたとお聞きしたのですが。

　はい。2011年に第9回京都環境賞特別賞（市民活動賞）を受賞しました。

――「京都環境賞」とは、どのような賞なのですか。

　京都府京都市が、地球温暖化対策や循環型社会形成のために、お手本となるような「環境の保全活動」を行う市民や事業者を表彰する賞で、私たちは「環境に配慮した先進的な省電力・温暖化対策の取組の

継続と一般市民の立場から広く情報発信したこと」が受賞のポイントになったとお聞きしています。

——詳しく教えてください。

　受賞をした2011年に、「省エネ」「結露防止」「遮音」を目的として、住戸の窓を真空ガラス スペーシアに交換しました。また、共用部分の照明をLEDに切替えました。その他にも、「DO YOU KYOTO？　クレジット制度」という、京都市が省エネ活動や設備更新により実現したCO_2の削減量をクレジット認証し、その量に応じて報奨金を交付する仕組みに

『DO YOU KYOTO？クレジット認証証明書』

も登録し、取り組みました。削減された分のCO_2は、サッカーチーム京都サンガの試合で生じるCO_2削減義務を達成するために買い取られました。こうしたハード面への取組と、住民の合意形成というソフト面の両方を評価していただいた結果だと思います。

――2011年以前にも、様々な設備導入や取組をされていると伺っていますが。

　そうですね。2006年には、電気代の削減のため、「高圧一括受電方式」に切替えていますし、2009年には「住戸分電盤交換工事」、2010年にはさらなる電力使用量の削減のため、「屋上換気扇のインバーター」を導入しました。また、一期計画が終了しましたので「西京極大門ハイツ 第二期まちづくり マスタープラン」も策定しました。

――2006年に行った高圧一括受電方式への切替えは、早い時期の取組ですね。

そうなんです。石川県のマンションが一括受電方式を採用したという読売新聞の記事を読んだのがきっかけでした。中央電力（マンション一括受電サービスを行う企業。2004年設立）がまだベンチャーとして発足して間もない頃で、私たちのマンションは、切替工事物件としては22番目に当たり、当時としては、最大規模の切替えだったと聞いています。

——**まだマンションでの実績が少ない時期だったということもあり、合意形成には苦労されたのではないでしょうか。**

高圧一括受電方式への切替えには、総会決議と、全190戸での関西電力（株）との契約破棄と中央電力（株）の契約手続きが必要です。それが、総会決議は全会一致、関西電力（株）との契約の破棄と中央電力（株）との契約にあたっては、ほぼ1週間で全ての手続きが終了しました。この手続きの早さは、中央電力（株）社内でも話題になるほどだったと聞いています。

——**そんな短期間にですか？　総会で全会一致になった要因を教えてください。**

ひとことで言えば、"電気代削減"という共通意識ですね。当マンションは、当初からエコ意識が高かったわけではなく、大規模修繕工事のための積立金不足などマンションの財政問題を解決する過程のなかで、管理費等で一番の出費が共用部の電気代だったということがわかりました。そこで、電気代を抑える策として、高圧一括受電方式への切替えを実施したのです。一括受電への切替前から、とにかく余分な電気は使わないように共用部の照明を自動処理化し、さらに契約料金の見直しを図っていましたので、これらも加えると、1989年に年間280万円かかっていた電気代を2012年には110万円にまで抑え

ることができました。効果が実感できるのには、1980年から毎月の電力使用量を欠かさず記録していたことも功を奏していると思います。

――その他の取組はいかがですか。

　給水方式を貯水方式から省エネタイプの加圧式設備に改修した結果、高架水槽のモーター容量は従来の15kW2台から4.5kW4台の低容量になりました。屋上換気扇のインバーター制御の導入、共用部分の照明のLED化、住戸窓の真空ガラスへの交換、また、2013年8月には別棟のコミュニティホール屋上への太陽光発電の設置、さらに外壁面に断熱材を貼る外断熱工事を実施しました。

「揚水ポンプを貯水方式から給水加圧式設備へ変更」

――どのような結果が出ていますか。また、太陽光発電設置時のエピソードなどがありましたら、教えてください。

　廊下灯や街灯の電球をLEDに交換したことにより、同規模マンションと比較して共用部の電力使用量は40％程度少なくなりました。

「屋上換気扇のインバーター」
炊事時間帯とそれ以外の時間帯の出力をプログラム制御して全体の電力を抑える。

電力使用量の低減と高圧一括受電による電力単価の低下の相乗効果により、電気代は最高時の6割減となっています。あまり使用しない場所をLEDにしても効果は上がらないので、効果がある場所を徹底的に仕分けしたことが、節電効果アップの最大の秘訣だと思います。

　具体的な数値をあげると、管理組合が支払っている共有部分の電気使用量は、年間85,897kWから42％減の50,158kWに、住戸全体部分の5年ほどを見ても644,039kWから528,206kWで18％減となりました。京都市内の一般家庭の使用エネルギー量と比較しても、平成25年度では京都市の一世帯平均が電気5,080kW、都市ガス323㎡で一次エネルギー換算で64.12GJであるのに対し、電気が3,303kW、都市ガスが153㎡で39.13GJで、京都市の平均より39％減となっています。

　また昨年、臨時総会を開催し太陽光発電設備の導入と売電を議案として上程、反対者ゼロの全会一致で承認されました。

既に、敷地内の共有施設であるコミュニティホールの屋上に太陽光発電設備の設置が完了、共用部の動力電力相当をこの設備で発電し、売電しています。シミュレーションを行った際には、売電により年間62万円ほどの収益が発生して、11年ほどで設備費は回収できる予定でしたが、実際は76万円でした。管理組合としては珍しく設備費の減価償却をしていますので、投資効率4.8％を確保しています。これらは組合の経営の多角化の一部分としての取組の成果です。

　当マンションは、試算してみて採算が合うか合わないかというポイントも含めて計画の実施を判断しますし、当初から収益が見込めるということで決断しました。同じくＬＥＤ化についても投資効率を計算した上で5年間で投資額を回収するという考えで取り組んでいます。

——先ほどお話に出た「まちづくり マスタープラン」についても、教えてください。

コミュニティホール屋上（写真右手前）に設置された太陽光発電設備。西京極大門ハイツ（左手奥）

まちづくりマスタープランは、第二期とありますように今から23年前に第一期計画を作って、これに基づいて運営を続けてきました。建物や設備を良好に維持管理するだけではなく、居住水準をグレードアップしていくためには、修繕計画に加え、マンションをどうしていくのかといったことも含めた総合計画が必要との考えに基づいています。二期計画では7つの基本計画の一つとして、「エコなマンション」を目指して、マンション居住者も地球温暖化対策の一端を担う必要があるということを理念に織り込んだ"まちづくり基本計画"を2010年に策定しました。理念のひとつとして、"地球環境に配慮した、エコで花やみどり豊かなマンション"を掲げており、これを実現するために、住戸窓ガラスの複層化やLED電灯の導入をしたのです。

――省エネや電気代削減を実践するなかで、日頃、気をつけていることはありますか。

　やはり日常生活に影響を感じさせない部分で省電力化が図られるようにするということですね。そして、1人ではなかなかできないことも、大勢が一つ屋根の下に住んでいるマンションの集住のメリットを「まとまる」ことで最大限に活用することです。京都府内でいち早くともいえる、高圧一括受電方式へ切り替えができたのも、これら日々のコミュニティ形成から生まれた相互の信頼関係によって、居住者が一致団結できたからだと思います。

――今後の展望や、これからマンションのスマート化に取り組む皆さんにメッセージをお願いします。

　将来的には全戸にエアコンが必要なくなる程の設備が理想ですね。CO_2削減による経費削減など省エネへの取組は、いまも着々と進んでいます。住みやすく、時代のニーズにできるだけ沿った住設備を設置

することを通じて、住み続けようと居住者が思うような省エネの取組ができればいいですね。

　生活がより豊かになることを居住者が実感できる仕組みさえできれば、集合住宅のほうが省エネの実現は容易だと思います。また設備の取替えや更新時期は、省エネ化実現の好機と捉え、従来の方法論を大胆に見直すといいと思います。

　京都環境賞の受賞テーマは「無理せずムダを省いて地球温暖化対策」でした。マンションの場合、管理組合が設備や建物の改修に際して「省エネ」という観点も加味することによって、住み心地も良くなります。それがマンションに住み続けたいという意識を醸成したり、愛着心を育むことにつながります。住み心地の良い安心・安全なマンションであることは、結果として資産価値の維持にも結びつきます。

——ありがとうございました。

西京極大門ハイツ管理組合法人

　京都駅近くにある、築38年190戸のマンション。1987年に管理組合法人に改組。1994年からは完全自主管理を行う。将来の建替えを見据えた用地取得計画のプラン作成やコミュニティカフェなど、様々な創意工夫が感じられる取組を行っています。

　この10年間の様々な取組への総投資額は6億2,000万円（日常管理部分は除く）。この間の総会に付議された議案総数は96議案で、内83議案は全会一致、賛成率99.84％。設備改修等の議案に関しては、昨年の外断熱工事議案の反対票1票を除き、全て全会一致で可決されています。

マンション外観

西京極大門ハイツのこれまでの取組

　難しいといわれる既築マンションのエコ化推進も、居住者が一丸となれば、実現可能！

2004年
・屋上防水改修工事にあたり屋上全面に断熱材を敷設
・エレベーター巻上設備をインバーター方式に切替え
2005年
・揚水ポンプ設備を貯水方式から加圧式（省エネタイプ）に改修
2006年
・高圧電力一括受電方式に切替え

2009年
- 住戸分電盤交換工事

2010年
- 「西京極大門ハイツ 第二期まちづくり マスタープラン」策定
- 屋上換気扇のインバーター調整

2011年
- 住戸窓を真空ガラス スペーシアに交換（省エネ・結露防止・遮音）
- 共用灯ＬＥＤ交換工事
- DO YOU KYOTO？ クレジット制度登録（CO_2排出削減量をクレジット認証・取り引きする制度）

2012年
- 共用給水管敷設工事
- 住戸電気容量改修工事

2013年
- コミュニティホール屋上に太陽光発電設備を導入（売電事業への参入計画）
- 外断熱工事を施工

第4章 地方自治体からの後押しと今後の展望

スマートマンションは、全国に広がってきています。

この章では、地方自治体におけるスマートマンションの取組の実例を紹介しながら、エネルギーマネジメントに重大な影響を及ぼす電力の小売参入全面自由化とスマートマンションのかかわりについてわかりやすく解説しています。

東京都における
スマートマンション導入促進事業

2020年の東京のあるべき姿とは!?

東日本大震災を経験した平成23年の12月に、東京都が中長期的な視点から、日本の再生と東京のさらなる進化を目指して策定した都市戦略「2020年の東京～大震災を乗り越え、日本の再生を牽引する～」を発表したことをご存知でしょうか。その中での「2020年の東京」を支えるプロジェクトの1つとして「スマートシティプロジェクト」が掲げられています。そこでは「経済成長と低炭素化を両立し、エネルギーセキュリティの面でも十全な備えを有した都市になっている」ことと「エネルギー効率が最も高く世界一環境負荷の少ない環境先進都市であるとともに、災害発生時においても、日本のダイナモとして機能する堅牢な

目指すべきスマートエネルギー都市

【出典】東京都「東京都省エネ・エネルギーマネジメント推進方針
～節電の先のスマートエネルギー都市へ～」

エネルギー供給能力を備えた高度な防災都市となっている」ことが2020年の東京の具体的な姿とされています。

また、平成24年5月には、スマートエネルギー都市の姿と、その実現を目指し東京都が推進する取組の方向性を取りまとめた「東京都省エネ・エネルギーマネジメント推進方針～節電の先のスマートエネルギー都市へ～」が策定されました。この中で、低炭素・快適性・防災力を同時に実現する「スマートエネルギー都市」へと進化していく必要があるとうたわれています。そして、スマートエネルギー都市を実現するためには、「①節電・省エネルギーの技術やノウハウを最大限に活用し、②低炭素・自立分散型エネルギーの利用が進み、③エネルギー利用の更なる効率化を実現するエネルギーマネジメントの仕組みが組み込まれた都市づくりが重要である」と取組の方向性が示されています。

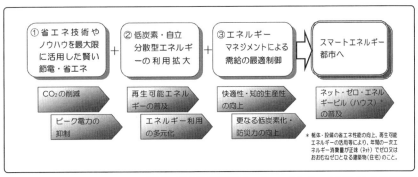

【出典】東京都「東京都省エネ・エネルギーマネジメント推進方針～節電の先のスマートエネルギー都市へ～」

スマートマンション導入促進事業の概要

東京都は、家庭部門のエネルギー消費量の削減を図るため、東京都内の住宅ストックの約7割を占める集合住宅に対して、スマートマンション化に必要な機器の設置を促進するため、平成26年6月に「スマート

助成制度のご案内

スマートマンション導入促進事業

MEMS（マンションのエネルギー管理システム）設置費用について補助します。

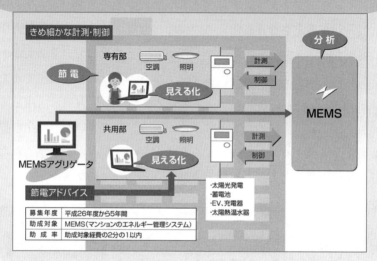

募集年度	平成26年度から5年間
助成対象	MEMS（マンションのエネルギー管理システム）
助 成 率	助成対象経費の2分の1以内

MEMSとは、マンションの建物内で使用する電力消費量等を計測蓄積し、導入拠点や遠隔での「見える化」を図り、空調・照明設備等の接続機器の制御やデマンドピークを抑制・制御する機能等を有するエネルギー管理システムのことです。

導入のメリット（例）

- 従来の同型マンションに比べ10％以上の節電効果を見込める設計がなされます。
- MEMSと蓄電池や太陽光発電の連携によって停電等の非常時対応が可能です。
- 独自の節電プランが提供されます。
- 節電協力によりポイントサービスが受けられます。
  ※導入メリットはMEMSアグリゲータの提供するサービスにより異なります。
- 国（SII（一般社団法人環境共創イニシアチブ））のMEMS補助金の交付決定を受けた機器が対象です。

●お問合せ先　**公益財団法人　東京都環境公社**
東京都地球温暖化防止活動推進センター （クール・ネット東京）

〒163-8001　東京都新宿区西新宿二丁目8番1号　東京都庁第二本庁舎16階（中央）
TEL 03-5320-7871　FAX 03-5388-1375　URL http://www.tokyo-co2down.jp/subsidy/mems/
受付時間　月曜日から金曜日まで（祝祭日を除く）9:00から17:00まで

マンション導入促進事業」の開始を発表し、7月より助成金交付申請の受付を開始しました。予算規模としては、平成26年度から平成30年度にかけて（ただし、予算に達した段階で終了）、10億円を計上しています。

　助成事業の概要は後述しますが、東京都は集合住宅にMEMSを設置する者に対して、助成対象経費の2分の1以内を助成するとしています。そして、MEMS設置者に対して、建物全体（集合住宅の部分）の電力消費量を10％削減することや、電力の需給がひっ迫した際に電力会社からの節電要請に対応することを求めています。

＜助成事業の概要＞

1．助成対象事業

　本事業の対象となるには次の条件があり、すべてを満たす必要があります。まずは、都内の集合住宅において、MEMSを設置しなければなりません。そして、東京都の助成にあたっては国の補助金と異なり、新築の場合、100戸未満のものに限られるので注意が必要です。既築の場合は戸数等の制約はありません。

　次に、助成対象事業者が、同一のMEMSアグリゲータとエネルギー管理支援サービスに係る契約を1年以上締結することが必要です。

　そして最後に、2014年4月1日以降に国の「スマートマンション導入加速化推進事業」に係る補助金の交付申請を行い、かつ交付対象として決定を受けていることが必要とされています。東京都の助成を受けるには、先に国の補助金の交付決定を受けている必要があります。

2．助成対象事業者

　本事業の対象となる事業者は、次頁の（1）から（3）のいずれかを満たすものとされています。

ただし、国、地方公共団体、独立行政法人、地方独立行政法人ならびに国および地方公共団体の出資または費用負担の比率が50％を超える法人は、条件を満たしていた場合であっても対象外です。

（1）　助成対象事業を実施する集合住宅の全戸の所有者、または管理組合（新築された集合住宅で管理組合が設置されていない場合は、当該集合住宅の建築主）
（2）　（1）に掲げる者のほか、助成対象設備を所有するもの（（1）に掲げる者と共同で助成金の交付に係る申請を行う場合に限ります）
（3）　（1）および（2）に掲げる者のほか、（1）に掲げる者とエネルギー管理支援サービスに係る契約を締結し、かつ、（2）に掲げる者とリース契約または割賦販売の契約を締結しているもの（（1）および（2）に掲げる者と共同で助成金の交付に係る申請を行う場合に限ります）

3．交付条件
　本事業の交付を受けたい場合は、次に掲げる条件をすべて満たす必要があります。
　まずは、ＭＥＭＳアグリゲータの行うエネルギー管理支援サービスを活用して、建物全体（集合住宅の部分）の電力消費量を10％以上削減するよう努める必要があります。そして、サービス開始後2年間の電力消費量に関する実績について東京都が報告を求めたときは、これに応じることとされています。
　さらに、電力需給契約を結ぶ電力会社等から電力の需給ひっ迫時に節電要請を受けるデマンドレスポンス契約を締結することとされています。この場合、電力会社等からの要請があった場合には、必ず対応のうえ、その実績を節電対応実績報告書により、速やかに公益財団法人東京都環

境公社に報告しなければなりません。ただし、デマンドレスポンス契約がない場合などは、節電対応届出書を事前に提出し、届出を行わなければなりません。東京都を管轄する一般電気事業者が公表する電力使用の見通しにおいて、電力使用率が97％以上となる場合は、交付対象の集合住宅で事前に提出した節電対応届出書により届け出た対策を必ず行うこととされています。そして、実施した内容等については、節電対応実績報告書により、速やかに公益財団法人東京都環境公社へ報告しなければなりません。なお、対象期間は以下のように定められており、1年間通じてというものではありません。

| 夏期 | 7月1日～9月30日 |
| 冬期 | 12月1日～2月28日 |

また、電力需給契約を結ぶ電力会社等からの電力の需給ひっ迫時の節電要請に該当しない場合でも、東京都内において電力需給ひっ迫警報、または電力使用制限令が発せられた場合には、必ず電力使用を抑制のうえ、同様の報告をすることが求められています。

最後に助成対象経費に関して、本助成金以外に東京都から交付される助成金その他の給付金を受給することはできませんので注意が必要です。

リース事業者等からのサービスを利用して助成事業を行う場合
　上記に加えて、以下の条件が必要となります。

① 1年以上の契約解除禁止期間を設定すること
② 助成対象となる設備は、原則として、処分制限期間（5年）の間使用することを前提とした契約であること（契約終了後、サービスを提供する事業者が保有する設備をＭＥＭＳ導入事業者に譲渡する契約も認められます）

> ③ サービス利用者に対して東京都の助成金相当分の利益が還元される契約であること

4．助成される金額

　助成金の金額は、助成対象経費の2分の1です。なお、助成対象経費に国その他の団体からの補助金が充当される場合は、補助対象経費の2分の1の金額から国その他の補助金の額を控除した額となります。本助成金の額に千円未満の端数が生じたときは、切り捨てられます。また、助成対象経費は、国の補助金で対象となる設備費、工事費と同じです。

助成交付額の計算例

1. 国（SII）の交付決定で補助率3分の1とされたもの

設備費2,000万円　工事費6,000万円の場合（合計8,000万円）

助成対象経費区分	都(公社)	国(SII)	合　計	備考
設備費	334万円	666万円	1,000万円	
工事費	1,000万円	2,000万円	3,000万円	
合　計	1,334万円	2,666万円	4,000万円	

2. 国（SII）の交付決定で補助率3分の1とされたもの

設備費3,000万円　工事費7,000万円の場合（合計1億円）

助成対象経費区分	都(公社)	国(SII)	合　計	備考
設備費	500万円	1,000万円	1,500万円	
工事費	1,167万円	2,333万円	3,500万円	
合　計	1,667万円	3,333万円	5,000万円	

※国、その他の団体からの補助金を充当するときは、補助対象金額の2分の1の額から国、その他の補助金の額を控除します。

【出典】東京都「スマートマンション導入促進事業手続きの手引き」

なお、リース等で助成事業を行う場合、次の点に注意が必要です。
1　ＭＥＭＳアグリゲータがリース等によってシステム・機器を提供する場合には、リース料等から助成金相当分が減額されることを記載した書類（助成金の有無で各々、リース料等の基本金額、賃金コスト（調達金利根拠）、手数料、保険料、税金等を明示）を提示できることとされています。
2　リース期間等については、導入した助成対象設備を処分制限期間の間使用することを前提とした契約とすることとされています。なお、リース事業者等が保有する設備を契約終了後に共同申請者に譲渡する契約も認められます。この場合、共同申請者は所有権異動後も、助成対象設備を助成金の交付目的に従って、その効率的運用を図ることとされています。

スマートマンション導入促進事業の助成金申請手続き

1．事前申請

　本事業の助成金交付を希望する場合は、2014年4月1日以降に申請した一般社団法人環境共創イニシアチブ（ＳＩＩ）の交付決定通知をもって、公益財団法人東京都環境公社に「事前申請」を行います。

　具体的には、国に係る補助金による交付決定通知を受領した後に、必要な添付書類をとりまとめ、公益財団法人東京都環境公社に提出する必要があります。本助成金の確定は、国に係る補助対象額に基づいて行われます。本助成は、国に係る補助金額に応じて東京都の助成金額を決定するため、東京都の助成要件を満たしたうえで、国への交付申請を行わなければなりませんので、注意が必要です。

事前申請書類一覧

No.	必要書類	様式	内容・作成上の留意事項
1	助成金交付に係る事前申請書	第1号様式	収支明細表に設備費・工事費の詳細を明記すること。
2	誓約書	第2号様式	共同申請の場合は共同申請者全員分が必要です。
3	SIIが発行した「交付決定通知書」	SIIの写し	（都の助成における前提条件） ※SIIへの申請日が平成26年4月1日以降であること
4	事業計画書	SIIの写し	助成対象事業者及び居住者がどのようなエネルギー管理支援サービスを受けるのか具体的に確認できること。
5	システム概要図	SIIの写し	・計測・制御箇所が明確になるよう作成されること。
6	計測・制御対象一覧（ポイントリスト）※共用部及び専有部	SIIの写し	・計測・制御箇所が明確になるよう作成されること。
7	（該当する場合のみ） （法人）登記簿謄本 （発行後3か月以内のもの）	原本	
8	デマンドレスポンス契約の内容が分かる書類	写し	デマンドレスポンス契約をした場合
9	節電対応届出書	第9号様式	デマンドレスポンス契約をしていない場合
10	建築確認申請書	写し	新築の場合のみ
11	返信用封筒（角型2号）2枚 （送付先が記入されたもの）	―	公社の受理書、助成金交付決定通知書等の送付用（送付先が記入されたもの）
12	その他公社が必要と認める書類	―	

（注）"SIIの写し"とは、SIIが発行した書類の写し、又はSIIに提出した書類の写しのこと。

【出典】東京都「スマートマンション導入促進事業手続きの手引き」

2．交付申請

　交付申請をできるものは、公益財団法人東京都環境公社への事前申請を行い、「スマートマンション導入促進事業助成金交付に係る事前申請受理書」を受領した対象事業者です。そして、対象となる事業は、国による補助金の確定通知を受けた事業です。

　この条件を満たしたものは、平成30年12月28日（必着）までに、国の補助金額確定通知の写しとともに、必要な交付申請書類をとりまとめ、東京都のスマートマンション導入促進事業助成金交付申請書により

交付申請を行います。この際、助成対象事業者は、MEMSアグリゲータを経由して、この交付申請書類の提出を行います。

交付申請書類一覧

No.	必要書類	様式	内容・作成上の留意事項
1	スマートマンション導入促進事業助成金交付申請書	第5号様式	収支明細表に設備費・工事費の詳細を明記すること
2	補助事業完了時にSIIへ提出した「補助事業実績報告書」	SIIの写し	・SIIに提出した「補助事業実績報告書」(別紙)収支明細表の内訳記載欄について、SIIの確定額と異なる場合は、その理由と金額内訳がわかる書類を添付すること。 ・設備費、工事費の内訳がわかる書類を添付すること。
3	SIIが発行した「補助金額確定通知書」	SIIの写し	(SIIの補助金確定額を確認する書類)
4	エネルギー管理支援サービスのサービス契約書	写し	(アグリゲータと交わした契約内容を確認する書類)
5	電力受給契約に係る書類	写し	
6	MEMS導入に係る契約書類(工事請負、リース等)	写し	
7	事業報告書	SIIの写し	助成対象事業者及び居住者がどのようなエネルギー管理支援サービスを受けるのか具体的に確認できるもの。
8	契約設計図書	SIIの写し	・助成対象範囲が分かるもの ・設置箇所等が明確に表示されているもの
9	計測・制御対象一覧(ポイントリスト)	SIIの写し	交付申請時と同一の様式を用いること。
10	(該当する場合のみ)利益排除計算書(根拠書類含む)	SIIの写し	助成金申請者が自社製品を調達して設置する場合。
11	スマートマンション導入促進事業助成金口座振替依頼書	第18号様式	・助成対象事業者(法人の場合は代表者)の署名、捺印が必要。 ・リース等、必要に応じて共同申請が必要な場合は、双方の事業者における署名、捺印が必要。
12	振込口座が確認できる書類	写し	・振込口座の通帳のコピー(口座番号・名義がわかる面)など振込口座が確認できる書類 ・小切手帳や銀行から送付される振込明細書で金融機関名、支店名、口座番号がわかるもの
13	その他公社が必要と認める書類	ー	

(注)"SIIの写し"とは、SIIが発行した書類の写し、又はSIIに提出した書類の写しのこと。

注1 申請書類及び添付書類等については、本審査以外には使用しません。
注2 必要書類への記入漏れや不備等があった場合は、書類審査で不採択となることがありますので、漏れのないよう、提出前によく確認してください。
注3 申請書類について、公社より修正をお願いする場合があります。
注4 提出された申請書類及び添付資料は、原則、返却いたしません。

【出典】東京都「スマートマンション導入促進事業手続きの手引き」

3．交付の決定

　交付申請の結果は、書面で通知されます。交付決定を受けた事業者には、助成事業名、助成対象経費および助成金の額等について記載した「スマートマンション導入促進事業に係る助成金交付決定通知書」が送付されます。一方で、不交付の決定がなされた助成対象事業者には「スマートマンション導入促進事業に係る助成金不交付決定通知書」が送付されます。

4．助成金の交付

　「スマートマンション導入促進事業に係る助成金交付決定通知書」を受けた助成事業者は、「スマートマンション導入促進事業助成金交付請求書」を提出します。助成金は指定口座に振り込まれます。助成金の振込口座は、原則として対象設備の所有者である助成対象事業者の口座ですが、共同申請の場合、共同申請者で協議のうえ、助成対象事業者が指定するリース事業者の口座への振込みも可能です。なお、国の補助金同様に財産処分制限期間は5年です。

手続きの流れ

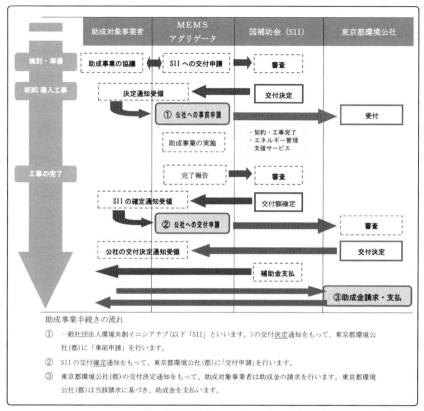

助成事業手続きの流れ

① 一般社団法人環境共創イニシアチブ(以下「SII」といいます。)の交付決定通知をもって、東京都環境公社(都)に「事前申請」を行います。
② SII の交付確定通知をもって、東京都環境公社(都)に「交付申請」を行います。
③ 東京都環境公社(都)の交付決定通知をもって、助成対象事業者は助成金の請求を行います。東京都環境公社(都)は当該請求に基づき、助成金を支払います。

【出典】東京都「スマートマンション導入促進事業手続きの手引き」

アイランドシティ地区での挑戦！
～コミュニティ形成からの街づくり、そしてスマートマンションへ～（福岡県福岡市）

　福岡市中心部から車で東へ約20分、博多湾の東部に位置するのがアイランドシティです。アイランドシティは、港湾機能の強化、新しい産業の集積拠点の形成、快適な都市空間（住環境）の形成、東部地域の交通体系の整備を目的に、「みなとづくり」「まちづくり」を行い、福岡市の将来をリードする先進的モデル都市づくりを進めています。ここではその中でも、住環境とそこに付随するコミュニティづくりをクローズアップしてみたいと思います。

アイランドシティの完成イメージ

【出典】福岡市「アイランドシティ事業計画」

アイランドシティ構想のきっかけ

　アイランドシティのある博多港は、釜山（韓国）まで約200km、上海（中国）まで約900kmと、アジアの主要都市に近いという地理的優位性を有しています。しかし、世界の海上輸送が、貨物のコンテナ化とコンテナ船の大型化が進む一方で、博多湾は、もともと水深が浅い（3〜4m）ため、大型船の航路としては不向きでした。そこで、航路を確保することが急務となり、1994年以降、大型船が安全に博多湾に入れるように、水深14〜15mまで海底を掘り、船の航路を確保しました。その結果、外国航路船舶乗降人員は20年連続日本一（2012年現在）、コンテナの取扱個数が第6位など、アジア、世界に向けた日本の玄関口として長年重要な地位を占めています。

　そして、港湾機能を強化するだけでなく、海底を掘って出た土は約400ヘクタールの空間を生み出します。福岡市は、その空間を利用して先進的なまちづくりを進めることになります。

まちづくりエリアでの取組

　アイランドシティでは、約400ヘクタールの空間の東半分を「まちづくりエリア」、西半分を「みなとづくりエリア」（次頁上図）とゾーニングし、まちづくりエリアでは、2005年に住宅ゾーン南側の「照葉のまち」への入居が開始され、2012年には「CO_2ゼロ街区」が街開きしました。現在（2014年8月末）はこの住宅エリアで約5,800人が暮らしています。住宅エリアを歩いていると、海からの風を至る場所で感じることに気づきます。これは、住宅エリアの東〜南側にかけては海に面していることを活かし、アイランドシティまちづくり指針で「秩序と

土地利用ゾーニング図

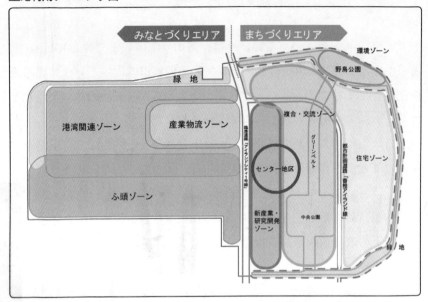

アイランドシティの風景①

【資料提供】福岡市

調和のある都市空間の構成」を定めているからです。具体的には、「建築物の高さが、センター地区など、アイランドシティ内陸部において高く、周辺部で低くなる空間構成や、風の流れを考慮した建築物等の配置を基本とし、水辺など周辺の美しい眺望が確保できるように配慮」するというものです。この考えは住宅ゾーンのみならず、複合・交流ゾーンにも取り入れられています。

アイランドシティの風景②

アイランドシティの風景③

アイランドシティの風景④

【資料提供】福岡市

アイランドシティの風景⑤

【資料提供】福岡市

　アイランドシティの北東部に位置する野鳥公園。その奥には和白干潟が広がります。野鳥公園から入る海風を内陸部まで送るため、野鳥公園から中央公園まではグリーンベルトを設置します。

　このように太陽光や風などの自然環境を活かし、街づくりや家づくりに取り入れる手法をパッシブデザインといいます。アイランドシティでは、海風という自然エネルギーを活用することで、街全体のエネルギー利用を抑えています。それは結果として、二酸化炭素の排出を抑制し、そして住民にとっては電気の使用量の削減へとつながっています。

　住宅エリアの北側に広がる「CO_2ゼロ街区」では、海風だけでなく、その他の効果も利用して、二酸化炭素の排出ゼロを可能にしています。CO_2ゼロとは、省エネルギーの徹底により二酸化炭素排出量を抑えると同時に、積極的な創エネルギーによる売電で発電所の二酸化炭素排出量を削減し、二酸化炭素排出量と削減量を理論上相殺した状態をいいます。

アイランドシティのパッシブデザイン（筆者撮影）

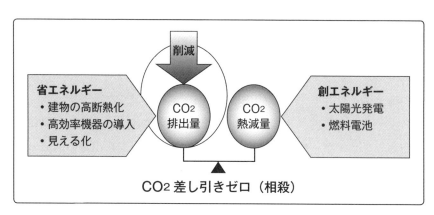

CO_2ゼロを実現するため、このエリアでは、先進的な創エネルギー・省エネルギー機器を集中的に導入し、街区内の全住民で環境活動に取り組む仕組みづくりを目指して、約6ヘクタール（178戸）という大規模な戸建住宅街区全体でのエネルギーマネジメントを行います。

> **「CO_2ゼロ街区」の概要・特徴**
> - 国内トップレベルの創エネ・省エネ型都市を目指すアイランドシティのモデル街区
> - 次世代省エネ基準以上の省エネ対策、4～6kWの大容量太陽光発電（全戸）、最新型燃料電池（全体の7割以上）などの創エネ機器、蓄電池（全体の1／3程度）やHEMS（全戸）などのエネルギーマネジメントに関する機器、その他、電気自動車用プラグインコンセント（全戸）などの最新技術の集中導入により、全戸で理論上CO_2ゼロを実現
> - 街区内の全住民が環境活動に取り組み、経済的メリットを享受できる仕組み（全戸対象のエネルギーマネジメント、グリーン電力証書の街区一括申請、エコアクションポイント等）を構築

スマートハウス常設展示場の開設

　CO_2ゼロ街区の街開きと時を同じくして2012年4月、福岡市は広く市民にスマートハウスについて触れてもらうため、スマートハウス常設展示場をアイランドシティの中央公園内に開設しました。

　スマートハウスは、スマートマンションの戸建住宅版です。戸建住宅のため、エネルギー使用の削減の大きさや二酸化炭素排出量の削減の大きさはスマートマンションに比べると少ないのですが、戸建住宅という特性上、マンション特有の合意形成が必要ないため、その住宅の住民がスマートハウスにしたいと思えば実現は容易です。

　そして、CO_2ゼロ街区のように、多くの戸建住宅がスマートハウスになることで、大きな効果が生まれます。そのためにもスマートハウスを知ってもらう施設が身近にあることは非常に意義があると考えられます。

スマートハウス常設展示場はレンガ造りの2階建てで、太陽光発電システム、蓄電池システム、燃料電池システム、そしてV2H機能（第1章（5）参照）を有した電気自動車と、4つの電池で住宅内にエネルギーを供給しています。

スマートハウスの1階部分では、蓄電池やHEMSについて説明する部屋や実証レベルで、タブレットを使って家電を遠隔操作できる仕組みなどが体感できます。そして、蓄電池では実際に実験的に停電を発生させて、通常の電力供給から蓄電池への切り替えを見ることもできます。また、通称「パパの部屋」と呼ばれる部屋では、エアコンを使わず、快適な空間を体験することができます。実際、取材に訪れた7月下旬は福岡市内で最高気温37.0度の記録的猛暑日でしたが、「パパの部屋」は輻射式の冷房で室内の温度計は26度前後の室温を示していました。

2階部分には、スマートハウス常設展示場で実証実験を進める福岡スマートハウスコンソーシアムの実証実験結果の展示や、「こどもの部屋」と呼ばれる地域の子供たちにエネルギーに関して学習してもらう部屋も設置されています。「こどもの部屋」には、太陽光発電を利用して走る電車のジオラマなどが展示されており、身近にエネルギーについて学習ができるようになっています。

スマートハウス常設展示場の見学について
【場所】福岡県福岡市東区香椎照葉4丁目アイランドシティ中央公園内
【開館時間】午前10時～午後4時
【休館日】毎週水曜日（水曜日が祝祭日の場合は、翌木曜日）
【入館料金】無料　　【連絡先】092-673-4002

市民から考えるスマートコミュニティ

　スマートハウス等における生活に密接したサービスを考える際、原則

として、メーカー等の技術サイドからのアプローチが多くなっているのが現状です。ただ、本来であれば技術サイドと市民サイドの両面からのアプローチが重要であり、お互いの情報共有というものが、真の生活支援サービスに根ざしたスマートコミュニティの形成につながります。

そこで福岡市では、アイランドシティやその周辺の住民を対象として、カフェ気分で暮らしのエコやエネルギーの意外な事実がわかる体験型ワークショップ「エコカフェ」を2013年から実施しています。

開催までの苦労について、福岡市環境局の本村和也さん、三浦渉臣さんは「最初は住民の方に来ていただけなかったのですが、家族で参加できるような内容にしたら非常に多くの住民の方に参加していただけるようになり、2013年度は年間トータルで約130名の方に参加してもらいました」と当時を振り返ります。

取材に応じてくれた本村さん（右）、三浦さん（左）

2013年度エコカフェ概要

第1回　2013年10月6日（日）

テーマ	自転車発電を体感！＆太陽熱でゆで卵づくり！

第2回　2013年11月10日（日）

テーマ	我が家のエコライフ診断！＆住まいの設備買い替えゲーム！

第3回　2013年12月15日（日）

テーマ	エコクリスマスツリーをつくろう！

自転車発電でミックスジュースづくり！

太陽熱でゆでたまごづくり！

ゆでたまごはおいしくいただきました！

第2回「エコライフチェックシート」

第3回「エコクリスマスツリー」

【資料提供】福岡市

実際にどのようなことを行っているかというと第1回は、自転車発電で、扇風機やミキサーを使用したり、テレビを見る実験や、太陽の熱を集める「ソーラークッカー」を使ってゆで卵を作る実験をしました。
　三浦さんは「当日は家族で参加していただいた方が多く、お父さんが自転車を漕いで、お母さんと子どもたちが応援するというような光景が見られました」と振り返ります。第2回は家庭のエコな取組やエコな家電・設備への買い替えによる節約金額や二酸化炭素排出削減量を、ゲームを通じて確認しました。そして、第3回は、クリスマスの時期とあって、地域でできるエコなアイディアを地図に書き込み、その後、みんなで取り組んでみたいと思うエコを飾りつけに書いて、「エコクリスマスツリー」を制作しました。
　参加した市民からは「公民館でクールシェア・ウォームシェアをする」や「外出の際は、バスや電車など公共交通機関や自転車を使う」などといったエコに関するアイディアが出てきたそうです。

いよいよアイランドシティで始まるスマートマンション

　福岡市は指定都市の中でも、集合住宅の占める割合が77％（2010年時）と全国でもトップクラスの都市です。そのため、2013年度に、分譲集合住宅の管理組合に、ＮＰＯ法人日本住宅性能検査協会が資格試験を運営・認定する「太陽光発電アドバイザー」を派遣する事業を始めました。この事業では、スマートマンションを構成するひとつのアイテムである太陽光発電システムを中心に、管理組合に対して太陽光発電に関する基礎的内容や注意点、おおよそどのくらいの資金が必要かなどのアドバイスを実施してきました。
　そして、2014年度にはアイランドシティにおいて、「平成26年度福岡市アイランドシティスマートコミュニティ創造事業補助金」として、スマートマンション整備に対して補助金を交付することを決め、アイラ

ンドシティでのスマートマンションの建設に対して、行政が後押しをする体制が構築されました。実際にアイランドシティではスマートマンションの建設が進んでいます。具体的には、アイランドシティ内のマンションにおけるエネルギー管理システム（MEMS）、太陽光発電、蓄電池システム、次世代自動車用充電設備、燃料電池システムの集中整備を促進するとともに、面的に環境エネルギーに優れるばかりではなく、新たな生活情報サービスの導入を図り、将来のスマートコミュニティ形成に向けた先導的な街づくりを目指しています。

「福岡市アイランドシティスマートコミュニティ創造事業補助金 スマートマンション整備事業」概要

補助対象者	○アイランドシティ内のマンションなどの新築集合住宅に対して、MEMSアグリゲータによる技術的な支援を受けることを条件に、MEMSを導入する集合住宅の所有者，MEMSアグリゲータ及び補助対象システムの設備保有者（経済産業省のスマートマンション導入加速化推進事業費補助金の交付決定通知を受けていること） ○アイランドシティ内のマンションなどの新築集合住宅に対して、MEMSアグリゲータによる技術的な支援を受けることを条件に、MEMSを導入する事業を行う民間事業者，MEMSアグリゲータ及び補助対象システムの設備保有者（経済産業省のスマートマンション導入加速化推進事業費補助金の交付決定通知を受けていること） ○アイランドシティ内のマンションなどの新築集合住宅に対して、太陽光発電・蓄電池システム，次世代自動車用充電設備，燃料電池システムを導入する集合住宅の所有者 ○アイランドシティ内のマンションなどの新築集合住宅に対して、太陽光発電・蓄電池システム，次世代自動車用充電設備，燃料電池システムを導入する民間事業者 ※ 電気事業者による再生可能エネルギー電気の調達に関する特別措置法（固定価格買取制度）に基づく設備の認定を受けないこと ※市税に未納がないこと ※暴力団員又は暴力団若しくは暴力団等と密接な関係を有する者でないこと

補助対象システム ※導入するシステムはすべて未使用であること	①MEMSアグリゲータが提供するエネルギー管理支援サービス等の実施のために必要な設備で，共用設備として管理されるもの（経済産業省のスマートマンション導入加速化推進事業費補助金（MEMS導入事業）交付規程に定める補助対象システム・機器と同様とする） ②太陽光発電・蓄電池システム 　太陽光発電システム：発電出力１０ｋＷ以上であること 　蓄電池：定格出力が発電設備の発電出力の同等以下であること ③次世代自動車用充電設備 　急速充電設備：定格出力１０ｋＷ以上のもの 　普通充電設備：定格出力１０ｋＷ未満のもの ④燃料電池システム（通称：エネファーム） 　発電出力１.５ｋＷ以下であること 　定格運転時における総合効率がＬＨＶ基準で80％以上であること

	補助対象経費の区分	補助内容	補助率	補助限度額
①MEMS	設備費	MEMSアグリゲータが，エネルギー管理支援サービス等を実施するために必要なシステム・機器装置・計測装置等の購入，製造又は据え付け等に要する費用	（1／3）以内	3,000万円
	工事費	補助対象システム・機器の導入に不可欠な工事に要する費用		
②太陽光発電・蓄電池システム	設備費	設備導入事業に必要な機械装置等の購入，製造，据付等に必要な経費	（1／3）以内	4,000万円（太陽光発電システム：25万円／kW以内）
	工事費	設備導入事業の実施に必要不可欠な工事に要する経費		
③次世代自動車用充電設備	設備費	充電設備機器（急速充電設備又は普通充電設備）の購入に必要な経費	（1／6）以内	83万円／基
	工事費	設備導入事業の実施に必要不可欠な工事に要する経費（一つの工事において急速充電設備と普通充電設備を同時に設置する場合，急速充電設備工事の補助限度額を適用する）		191万円（急速充電設備）167万円（普通充電設備）
④燃料電池システム	設備費	燃料電池システムの購入に必要な経費と従来型給湯器の機器費との差額	（1／6）以内	15万円／台
	工事費	設備導入事業の実施に必要不可欠な工事に要する経費		

　また、福岡市は広くスマートマンションについて知ってもらうため「スマートマンションシンポジウムin福岡〜知っ得！　あなたの住まいを賢く、楽にする『スマートマンション』のすべて！」を2014年7月に開催し、管理組合や管理会社、地元企業から約150人の方々が参加しています。

アイランドシティで生まれるコミュニティ、そしてビジネス

　アイランドシティでは現在、地元新聞社の協力を得て、タウン誌「いつ・もの・こと」を発行しています。これは通常のタウン誌とは異なり、地域情報サイト「照葉.net」（http://teriha.net/）と連動しながら、サイトを通じて、自分が発した情報が実際にタウン誌に掲載されるようにもなっています。

また、コミュニケーション・プラットフォームを活用して人々が集まる"場"の提供をしようという試みもあります。その"場"から生まれたアイディアは、地元企業とも共有化し、新たなビジネスモデルを創出しようとしています。そして、2014年1月には福岡市スマートコミュニティ創造協議会も設立され、スマートコミュニティの生活支援系サービスや人材育成、情報発信活動について、分科会を中心に議論されているところです。

　このようにアイランドシティでは、スマートコミュニティの形成はもちろん、エネルギーだけに終始しない、住民のコミュニティづくりも重要視しながら、将来への街づくりが進められています。

電力会社を選択して買う時代までわずか
～2016年電力の小売参入全面自由化～

　私たちの多くは、一般的に東京電力（株）や関西電力（株）などの地域独占が制度上担保されている一般電気事業者から、電力を購入しています。そして、この電力の購入先の電力事業者を、消費者が選べる時代が間もなくやってきます。これが「電力の小売参入全面自由化」です。
　ここでは、近い将来やってくる「電力の小売参入全面自由化」について紹介し、みなさんでマンションにおける電力のあり方について考えていただければと思います。

地域独占の電力会社の歴史

　電力会社の変遷についてみてみましょう。わが国では、富国強兵に電力は欠かせないという考えにより、明治19年に東京電燈株式会社が開業したのを皮切りに、各地に電力会社が誕生しました。やがて、工業化の進展や第1次世界大戦中の好景気等により電力の需要が増大し、また世界恐慌等を背景に過当競争が進んだこともあり、ピーク時の電力会社の数は昭和7年には約850社の数にのぼりました。その後、電力会社間の競争が激化し、事業者の合併・吸収が行われ、5大電力会社（東京電燈、東邦電力、大同電力、宇治川電力、日本電力）に集約されました。
　昭和13年、国家総動員法と同時に電力管理法が施行されました。国が国内全ての電力施設を接収し、日本発送電株式会社により発電と送電設備が一元統制化され、配電事業を9ブロック別に統合しました。

第2次世界大戦後、過度経済力集中排除法の適用を受け日本発送電株式会社は解体され、電気事業再編成令により、9つの配電会社にそれぞれ発電設備を移管することで、発送電一貫体制を確立するとともに、民営による9つの地域独占の電気事業会社として再編されました（昭和26年）。昭和63年には沖縄電力が民営化され、現在の10社体制になりました。

　地域独占の電力会社は、自由に価格を設定することができるため、電気料金を不当に引き上げることも制度としては可能です。そのようなことにならないように、電気料金を国が審査し、適正水準で認可する「料金規制」を設けています。そして担当する地域に電力を供給する義務も課しているのです。

一般電気事業者の供給区域

【出典】電力システム改革専門委員会
『電力システム改革の基本方針〜国民に開かれた電力システムを目指して〜』

すでに始まっている「電力の小売"部分"自由化」

　実はわが国は、平成7年以降、4回にわたる電気事業制度改革が行われています。電力事業制度は「発電部門」「送配電部門」「小売部門」の各部門に分けられますが、本章のテーマは「小売部門」についてです。

　小売部門では、平成11年（平成12年3月施行）に特別高圧需要家に対して部分自由化を実施しました。この自由化で電気の使用規模が2,000kW以上で、かつ20,000V特別高圧系統以上で受電する需要を対象に、電力会社を自由に選択できるようになりました。

小売自由化の拡大について

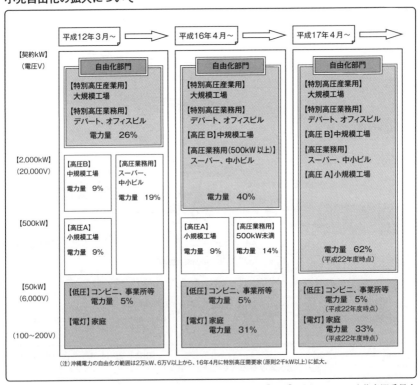

【出典】電力システム改革専門委員会
『電力システム改革の基本方針 ―国民に開かれた電力システムを目指して―』

ただし、沖縄電力（株）の供給区域については、使用規模20,000kW以上で、かつ60,000V以上で受電する需要家が対象です。

2回目の自由化は、平成15年（平成16年4月一部施行、平成17年4月施行）で、電力の使用規模が50kW以上で、高圧で受電する需要家まで自由化の範囲を拡大しました（ただし、沖縄電力（株）の供給区域については、使用規模が2,000kW以上で、特別高圧で受電する需要家まで自由化範囲を拡大）。このことで、のちに第2章で説明したマンションへの高圧一括受電サービスが可能となりました。

動き出した電力システム改革

東日本大震災とそれに伴う原子力発電所の事故により、私たちは電気料金の上昇と電力需給のひっ迫を経験しました。そして、それは現在も継続しています。そのようななかで、私たちはこのままでよいのだろうかと疑問を抱いた人も多いのではないでしょうか。

このことを国も同様に考え、平成23年12月より「電力システム改革専門委員会」で議論を重ね、その報告書を基に政府は以下のような閣議決定を行いました。

電力システムに関する改革方針

> 低廉で安定的な電力供給は、国民生活を支える基盤である。
> 東日本大震災とこれに伴う原子力事故を契機に、電気料金の値上げや、需給ひっ迫下での需給調整、多様な電源の活用の必要性が増すとともに、従来の電力システムの抱える様々な限界が明らかになった。
> こうした現状にかんがみ、政府として、エネルギーの安定供給と

> エネルギーコストの低減の観点も含め、これまでのエネルギー政策をゼロベースで見直し、現在及び将来の国民生活に責任あるエネルギー政策を構築していく一環として、再生可能エネルギーの導入等を進めるとともに、以下の目的に向けた電力システム改革に、政府を挙げて取り組む。その際、電気事業に携わる者の現場力や技術・人材といった蓄積を活かす。

電力システムに関する改革方針（平成25年4月2日閣議決定）一部抜粋

　また、閣議決定の中で、その目的として①安定供給の確保、②電気料金の最大限の抑制、③消費者の選択肢や事業者の事業機会の拡大を掲げています。そして、この3つの目的を達成するための改革を「電力システム改革」と呼び、その柱として掲げられたのが、「広域系統運用の拡大」、「法的分離の方式による送配電部門の中立性の一層の確保」、そして本章テーマである「小売及び発電の全面自由化」です。その改革を実行するために、次頁のような改革プログラムの工程表を策定しました。

小売部門の参入全面自由化とは

　今回の電力システム改革の柱のなかでも、特に消費者に身近な改革が、小売部門の参入全面自由化といえるでしょう。現在は地域独占の一般電気事業者から電気を購入していますが、参入が全面自由化されることで、消費者は小売電気事業者を自由に選択できるようになります。例えば「北海道出身なので、北海道の小売電気事業者から買いたい」「電気料金が高くてもいいので、再生可能エネルギーで作られた電力を供給している小売電気事業者から買いたい」といったことが可能になるのです。これらを実現するには、小売の参入全面自由化、安定供給を確保するための措置、需要家保護を図るための措置等を実施する必要があり、平成26年6月の通常国会において、電気事業法の一部改正が決定されました。

第4章　地方自治体からの後押しと今後の展望

電力システム改革の工程表

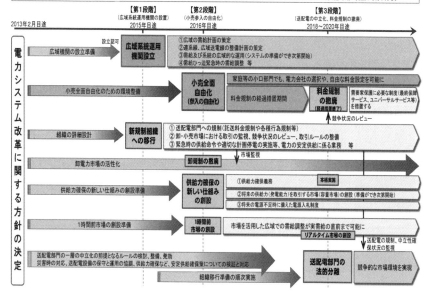

選択できる小売電気事業者の想定

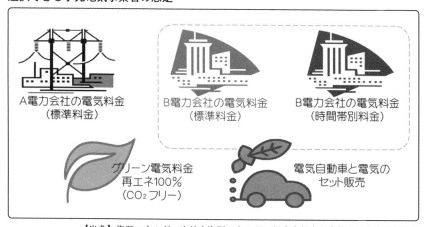

【出典】資源エネルギー庁総合資源エネルギー調査会総合部会第3回会合配付資料

小売の参入全面自由化は、これまで説明してきたように、地域の一般電気事業者にしか認められていない家庭等への電気の供給を、自由化することです。

　つまり、電気の小売業への参入規制を撤廃することを意味します。市場競争が発生し、その影響が私たちの電気料金に反映することになります。また、この改正で電力事業の類型も次のように見直されました。

電気事業類型の見直し

現行制度（部分自由化）		小売参入全面自由化後		
一般電気事業者（10電力）	「一般の需要」への供給を行う。家庭等の規制部門への供給は、供給義務・地域独占・料金規制（総括原価方式：認可制）	3事業を兼業（現行の体制と同様）		
		発電事業	送配電事業	小売電気事業
特定規模電気事業者（新電力）	自由化された大口需要（「特定規模需要」）への供給を行う。	発電事業		小売電気事業
卸電気事業者、卸供給事業者等	一般電気事業者・特定規模電気事業者への供給を行う。	発電事業		

【出典】経済産業省『電気事業法等の一部を改正する法律について（概要）』

　また、参入の全面自由化によって懸念される事項もあります。そのため、電気事業法の一部改正においては、参入規制の撤廃と同時に、安定供給を確保するための措置、消費者保護を図るための措置が講じられています。

　例えば、新しく電力事業に参入した発電事業者が電気を消費者に届ける場合、送配電線網を利用します。しかし、事業者ごとに新たに送配電線を整備した場合、同じ地域に送配電線が重複してしまいますし、そもそもその整備費用は電気料金へと反映されます。そこで、新規に参入した事業者は、すでにある送配電線を借りて、家庭まで電気を届けるようにします。

　また、離島では電力の供給に対する費用はどうしても割高になり、価格競争をさせると電気料金の上昇が危惧されます。

そのため、離島の消費者に対しても、他の地域と遜色ない料金水準で電気を供給すること（消費者全体の負担により費用を平準化）を義務付けています。

このように、競争が不十分ななかで電気料金の自由化を実施した結果、電気料金の値上がりが生じることのないように経過措置として、料金規制は継続されます。経過措置の解除は、実際に競争が行われているかを確認したうえで行うとしています。

電力システム改革のもう2つの柱

小売部門の参入全面自由化は私たちの生活に直結するテーマですが、その他にも2つの柱があります。

1つ目が「広域系統運用の拡大」です。具体的には、地域の垣根を越えた電気のやりとりを拡大することです。地域を越えて電気をやりとりしやすくして災害時などに停電がおこりにくくし、その司令塔として「広域的運営推進機関」を創設します。天候等に左右されやすい再生可能エネルギーや自家発電など、多様な電源を供給力として活用しやすくします。無理なく節電できる仕組みも取り入れた、計画停電をできる限り避けるシステムです。

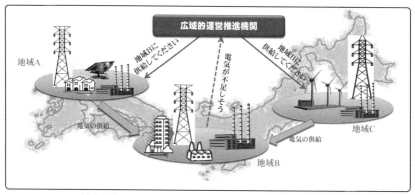

【出典】資源エネルギー庁総合資源エネルギー調査会総合部会第3回会合配付資料

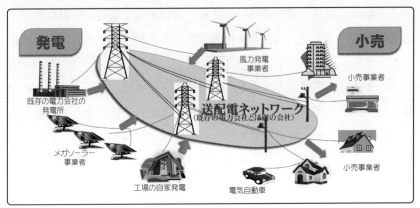

【出典】資源エネルギー庁総合資源エネルギー調査会総合部会第3回会合配付資料

2つ目が「法的分離の方式による送配電部門の中立性の一層の確保」です。発電した電気を売ったり買ったりするには、送配電ネットワークを使うことが不可欠です。電力会社の送配電部門を別の会社に分離することで、このネットワークを誰もが「公平」に利用できるようにします。

小売部門の参入全面自由化でみえてくるもの

今回の参入全面自由化に伴う、小売電気事業者間の価格競争によって、燃料費の影響を受けやすい状況下においても、最大限、電気料金を抑制することが可能になると考えられています。また、再生可能エネルギーの電気を使うことも可能です。

また、今回の参入規制の撤廃により、様々な業種からの参入が考えられます。例えば、携帯電話の会社が電力事業に参入した場合、携帯電話の電話料金と電気料金の「セット割引」ができたり、スーパーマーケットが再生可能エネルギーの電力を販売する場合、地球への貢献ということで電気料金によるポイントと商品の買い物のポイントを合算することも可能になるかもしれません。このように電気とほかの何かを組み合わせた仕組みで、生活の質の向上を図ることが期待されます。

コミュニティ形成へのプロローグ

　スマートマンションの導入を考えるうえで、賢く電気を使うことは重要です。そして、電力会社が選択できる時代が迫っています。本書の最初にコミュニティ形成が希薄になりつつあると書きました。今、マンションの電気のあり方について、住民同士で話し合ってはいかがでしょうか。

　この話合いは、自分自身にマンションの電気料金という形で返ってくるものでもあります。それによって今まで希薄になっていたコミュニティ意識が少しずつ芽生えてくるかもしれません。

　スマートマンションを論じるとき、電力を中心とするエネルギーの話ありきで、「省エネルギーマンションではないか」という意見もあります。実際には、スマートマンションはエネルギー・マネジメントや家電制御で賢く電気が使えたり、生活支援サービスに結びついて生活の質を向上してくれたりします。しかし、どんなに素晴らしいシステムをマンションに導入したところで、使っていくのは私たち、人間です。マンションには老若男女、様々な住民が生活をしています。そのようなシステムを使いこなせる住民もいれば、そのようなシステムを使いたいが、よくわからない住民もいるでしょう。そこで、実際に使い方を隣の住民に教えてあげたりして、コミュニティが形成されていきます。

　スマートマンションを導入するまでのプロセスは、1,000の助成金の交付申請があれば、1,000とおりあります。それはすでに形成されているコミュニティからの発意かもしれませんし、電気料金の値上がりがきっかけかもしれません。今後は電力会社をどうするかということがきっかけとなるかもしれません。ただ、これまで見てきたように様々な将来性を秘めているのが、スマートマンションです。スマートマンションに興味を持たれた人は、まだ知らない人たちにぜひ魅力を話してみてください。そこには、新たな、もしくはより強固なコミュニティが形成されていくことでしょう。

用語集

エコーネット・ライト（ECHONET Lite）
HEMS構築のための通信規格。
【関連ワード】家電制御、HEMS

エネルギー基本計画
政府が、エネルギー政策基本法に基づき、エネルギー政策の基本的な方向性を示すもの。

エネルギーマネジメント（エネマネ）
MEMSを導入し、エネルギー管理支援サービスをうけること。

家電制御
情報通信技術（ICT）を用いて、家電を制御すること。
【関連ワード】エコーネット・ライト

再生可能エネルギー
エネルギー源として永続的に利用することができると認められるもの。具体的には、太陽光、風力、水力、地熱、太陽熱、大気中の熱その他の自然界に存する熱、バイオマス。
【関連ワード】太陽光発電システム

次世代自動車用充電設備
電気自動車、プラグインハイブリッド自動車に充電するための設備。
【関連ワード】電気自動車、プラグインハイブリッド車

省エネルギー
時間帯に関係なく、電気や都市ガスなど、エネルギーの使用量を低減すること。
【関連ワード】節電

スマートグリッド
電力の需給両面での変化に対応するために、情報通信技術（ICT）を活用して効率的に需給バランスをとり、電力の安定供給を実現する次世代型の電力送配電網。
【関連ワード】スマートコミュニティ、スマートシティ

スマートコミュニティ
狭義では、スマートグリッドを基盤とする街づくりのこと。広義では、狭義の意味に加え、情報通信技術（ICT）を用いて、新たなコミュニティが創造されることを指す。
【関連ワード】スマートグリッド、スマートシティ

スマートシティ
スマートグリッドによるエネルギー最適化に加え、エリア内での交通インフラなどが次世代型に整備された都市。ただ、日本ではスマートシティとスマートコミュニティを同義で使われていることが多い。
【関連ワード】スマートグリッド、スマートコミュニティ

用語集

スマートマンション
マンション全体でエネルギー管理、節電およびピークカット・ピークシフトを行い、エネルギーの効率的な使用や無理のない節電を実現するマンション。
【関連ワード】ピークカット、ピークシフト

スマートメーター
電力会社等の検針・料金徴収業務に必要な双方向通信機能や遠隔開閉機能やエネルギー消費量などの「見える化」やHEMS等も有した電子式メーター。
【関連ワード】HEMS

接続箱
ブロックごとに接続された太陽電池モジュールからの配線をまとめて、パワーコンディショナーに接続するための機器。
【関連ワード】太陽光発電システム、パワーコンディショナー

節電
電気の使用量を節約すること。
【関連ワード】省エネルギー

創蓄連携
太陽光発電システムや蓄電池等の連携による非常時の電源確保
【関連ワード】太陽光発電システム、蓄電池システム、燃料電池システム

太陽光発電システム
太陽電池を利用することにより、太陽光を受けて発電するシステム。
【関連ワード】再生可能エネルギー、接続箱、創蓄連携、パワーコンディショナー

蓄電池システム
再生可能エネルギー等により発電した電力または夜間電力などを利用して繰り返し電気を蓄え、停電時や電力需要のピーク時など必要に応じて電気を活用することができるシステム。
【関連ワード】創蓄連携

低炭素社会
エネルギー消費量や二酸化炭素排出量を節約・削減した社会。

デマンドレスポンス（DR）
電力の供給量に応じて、電力需要のピークシフト、ピークカットで節電を行うことで、需要家（消費者）が需要量を変動させて電力の需給バランスを一致させること。

電気自動車（EV）
電気をエネルギー源として走行する自動車。
【関連ワード】次世代自動車用充電設備、プラグインハイブリッド自動車

燃料電池システム
都市ガス・LPガス・灯油などから燃料となる水素を取り出して空気中の酸素と反応させて発電し、発電時の排熱を給湯等に利用するシステム。
【関連ワード】創蓄連携、燃料電池車

燃料電池車（FCV）
燃料電池を搭載した電気自動車。
【関連ワード】燃料電池システム

ハイブリッド自動車（HV）
エンジンとモーターのように2つ以上の動力源を合わせ、走行する自動車。

パッシブデザイン
太陽光や風などの自然環境を活かし、街づくりや家づくりに取り入れる手法。

パワーコンディショナー
太陽電池パネルで作られた直流電力を交流電力に変換する装置。
【関連ワード】接続箱、太陽光発電システム

ピークカット
電力需要の多い時間帯に使う電気をカットすること。
【関連ワード】ピークシフト

ピークシフト
電力を使う時間を、電力消費量の多いピークの時間帯からずらすこと。

【関連ワード】ピークカット

プラグインハイブリッド自動車（PHV）
コンセントから直接充電できる機能を持ったハイブリッド自動車。
【関連ワード】次世代自動車用充電設備、電気自動車

ベースロード電源
発電コストが低廉で、昼夜を問わず安定的に稼働できる電源。

HEMS
住居のエネルギー管理システム。
【関連ワード】MEMS

MEMS
集合住宅の電力消費量等を計測蓄積し、当該集合住宅や遠隔地での可視化を図り、照明、空調設備等の接続機器を制御又は電力需要のピークを抑制する機能等を有するエネルギー管理システム。
【関連ワード】HEMS

MEMSアグリゲータ
MEMSを導入するとともに，クラウド等による集中管理システムを構築してエネルギー管理支援サービス(電力消費量を把握し節電を支援するサービス)等により10％以上の節電を達成でき、一般社団法人環境共創イニシアチブ（SII）に登録を受けた事業者。

用語集

付録　MEMSアグリゲーター覧
（平成26年10月現在）

- アイピー・パワーシステムズ株式会社
- あなぶきパワー＆リース株式会社
- アルテリア・ネットワークス株式会社
- 伊藤忠アーバンコミュニティ株式会社
- 伊藤忠ケーブルシステム株式会社
- 株式会社エナリス
- 株式会社ＮＴＴファシリティーズ
- オリックス電力株式会社
- かんでんＥハウス株式会社
- 九電テクノシステムズ株式会社
- 株式会社洸陽電機
- 株式会社ジュピターテレコム
- 昭和シェル石油株式会社
- 住友不動産建物サービス株式会社
- 中央電力株式会社
- 株式会社つなぐネットコミュニケーションズ
- 株式会社テンフィートライト
- 株式会社東急コミュニティー
- 東京ケーブルネットワーク株式会社
- 株式会社東芝
- 東北エネルギーサービス株式会社
- 株式会社トーエネック

- 日本ハウズイング株式会社
- 株式会社長谷工アネシス
- 株式会社日立製作所
- 株式会社ファミリーネット・ジャパン
- 富士電機株式会社
- 株式会社ベイ・コミュニケーションズ
- 三菱電機株式会社

　最新のMEMSアグリゲータおよび各MEMSアグリゲータのサービス内容、サービス提供エリア、お問い合わせ先は、一般社団法人環境共創イニシアチブのホームページでご確認ください。（https://sii.or.jp/）

まるわかりスマートマンション

平成 27 年 1 月 30 日　初版発行

著　者	日下部　理　絵
	古　澤　和　也
発 行 者	中　野　孝　仁
発 行 所	㈱住宅新報社

出版・企画グループ　〒105-0001　東京都港区虎ノ門 3-11-15（SVAX TTビル）
　（本　社）　　　　　　　　　　　　　　　　　　　　　電話(03)6403-7806
販売促進グループ　〒105-0001　東京都港区虎ノ門 3-11-15（SVAX TTビル）
　　　　　　　　　　　　　　　　　　　　　　　　　　　電話(03)6403-7805
大阪支社　〒541-0046　大阪市中央区平野町1-8-13（平野町八千代ビル）電話(06)6202-8541㈹

印刷・製本／東光整版印刷株式会社　　　　　　　　　　　　Printed in Japan
落丁本・乱丁本はお取り替えいたします。　　　　ISBN978-4-7892-3707-9 C2030